芄野東南民族叢書

碧羅雪山兩麓人民
的生計模式

上冊

何國強　主編・李何春、李亞鋒　著

目次

總序

黃淑娉

　　青藏高原古稱「芫野」[1]，「喜馬拉雅」與「橫斷」兩條山脈在東南交匯，形成北半球地表褶皺最明顯而緊密的區域——縱橫千里，層巒疊嶂，忽而峽谷幽深、激流洶湧，忽而懸崖突兀、雪峰傲立。雄奇的景觀掩飾著嚴酷的自然。適宜耕種的土地集中在河谷，陡峭的高坡土層稀疏、岩石裸露、雜草叢生，經常發生泥石流。山川、植被、動物、村莊依季節交替呈現出各種姿態：旱季，塵土飛揚、風霜嚴寒、萬物蕭條；雨季，四野青翠、鳥語花香、人畜徜徉於雲端。

　　芫野東南素有「民族搖籃」之稱。在北緯25°38'、東經90°104'的廣袤區域，由東至西，有金沙江、瀾滄江、怒江、獨龍江和雅魯藏布江，史前時代的漢羌之爭，造成部分羌人融為漢族，部分羌人西遷。[2]西遷的羌人一部分沿著江河古道北上甘青，另一部分南下川

1　《詩經・小雅・小明》曰：「明明上天，照臨下土。我征徂西，至於芫野。二月初吉，載離寒暑。心之憂矣，其毒大苦！……」大意為周天子令諸侯征伐氐羌係部落，西行到青藏高原，將士思鄉，無心戀戰，企圖班師回朝的情景。《說文解字》解「芫」，一為「遠荒」；一為草本植物，如「秦芫」——蘭花形，生長於黃土高原與青藏高原接壤地帶、海拔3,000米的荒野，愈往西愈密。故「芫野」指今青藏高原東部，即今川、青、滇、藏四個省（自治區）相交界的區域。

2　如〔南北朝〕范曄《後漢書・卷八十七・西羌傳第七十七》（景印文淵閣四庫全書本第252253冊）有「秦獻公初立，欲復穆公之跡，兵臨渭首，滅狄獂戎。忍季父卬畏秦之威，將其種人附落而南，出賜支河曲西數千里，與眾羌絕遠，不復交通」的記載，說戰國初期（公元前475年）以「卬」為首的一支羌人迫於族群競爭的壓力，由今甘陝地區向西南徙遷至玉樹地區。

滇，到達今川、滇、藏交界區，更有一些部落進入了東南亞。他們南北行走的整套路線分佈的區域到公元前 4 世紀業已形成民族走廊。《史記》記載了張騫出使大夏（今阿富汗）見到四川特產的見聞漢朝的四川特產遠播大夏絕不可能走西域絲綢之路，那樣將徒增路程，最有可能的是走西南絲綢之路，起點為成都，終點為印度甚至波斯（今伊朗），中間點為夜郎（今貴州）、滇（今昆明）、南詔（今大理）、緬甸。這說明中西交通很早就貫通了。，那是公元前 2 世紀發生的事情。又過了兩個世紀，最後一批遷徙者沿著民族走廊進入東南亞。東晉、十六國時期（317-420 年），鮮卑族從大興安嶺西遷，抵達青海湖與當地羌人雜處，出現西羌、吐谷渾、白蘭、黨項、附國、吐蕃、姜人等古代部族，也有南遷的情況出現。各氏族部落在南遷路中定居、聯姻、繁衍，發生貿易、戰爭和宗教行為，經過千百年的基因採借與文化交匯，演變出藏族、門巴族、珞巴族、納西族、傈僳族、怒族、獨龍族、景頗（克欽）族、克倫族、驃族、緬族、撣族等境內外民族。[3]元明以降，封建國家的勢力先後侵及這片土地。目前，一塊歸中國，一塊歸印度，一塊歸緬甸。《芄野東南的民族叢書》就揭示了中國西南川、滇、藏和川、青、藏接壤地帶極具內涵的民族文化。這些民族是藏族、納西族、怒族、獨龍族和傈僳族。這些民族人們的體質特徵與三支種群有關：①蒙古北亞人，特徵是高身材、中頭型、高鼻型、前額平坦、黑眼珠，男人高大英俊，女人身材頎長；②蒙古南亞人，特徵是身材略矮、低頭型、前額微窄、褐色眼珠、低鼻型；③「藏彝走廊」型，介於前兩者之間，又自成一類，其特徵是中身材、中頭

---

3 參見〔五代〕劉昫《舊唐書》卷197列傳第147（景印文淵閣四庫全書本第268-271冊，臺灣商務印書館，1983年）和（宋）歐陽修《新唐書》卷222上列傳第147上下（景印文淵閣四庫全書本第272-276冊，臺灣商務印書館，1983年）關於南蠻、西南蠻和驃國的描述。

型、中鼻型，孩子的眼珠較黑，成人的眼珠泛褐。具體來說，怒族和
獨龍族人帶有蒙古南亞人的體質特徵，藏族、納西族和傈僳族人帶有
「藏彝走廊」型的體質特徵。由於藏族人的來源複雜，內部族群眾
多，有的體質特徵偏向蒙古北亞人。例如，三岩藏族人的體質特徵與
塔吉克族、維吾爾族、錫伯族、哈薩克族、蒙古族等北方民族關係密
切些，跟藏彝類型的藏族關係疏遠些。[4]無論體質特徵如何，這 5 個民
族的人民都有率真淳厚、健談好客、謙讓剛毅、吃苦耐勞的一面。人
們因地制宜謀取生活資料，建造房屋，修建梯田，引水渡槽，高山放
牧；人們也抽煙喝酒、唱歌跳舞，知足常樂。

　　新中國成立後，黨和政府組織集中進行民族識別（1953-1956 年）
和少數民族語言與社會歷史調查（1956-1958 年）。根據 20 世紀 80 年
代出版的《民族問題五種叢書》的描述，當時藏族、納西族、怒族、
獨龍族和傈僳族等民族已出現社會分化：有的社會結構呈尖錐形，如
藏族的農奴制、納西族的土司制；有的社會結構呈鈍錐形，如保留著
原始公社殘餘的怒族和獨龍族。民族文化的保持與傳承是通過社會結
構來實現的。獨龍江兩岸的村落出現了頭人、大小巫師（南木薩、龍
薩）、工匠、平民、家奴。前三種人基本上是富裕的族人，他們擁有
土地，蓄養奴隸，並未完全脫離勞動。奴隸來自債務和買賣，成為家
庭的一員，由主人安排婚姻，給予經濟開支。奴隸在公共場合（如祭
禮、公議、公斷等）與平民有身份界限。勞動過程中主僕地位不同，
主人為奴隸提供生產資料（如土地、牲畜、農具、種子），並佔有全
部收穫物。人們在社會結構中各居其位，各層次的差別不大，在血
緣、地緣基礎上發生的共濟、共慶、換工等集體行為維持著內部平

4　參見何國強、楊曉芹、王天玉等《三岩藏族的體質特徵研究》，載《人類學學報》
　　2009年第4期，頁408-417。

等，原始宗教和基督教起到恐嚇叛逆者、安撫民眾、制止反抗的作用。舊的社會結構被打碎以後，新的社會結構逐步建立，其所傳承的文化與過去有著質的不同。

17 世紀，西方人陸續進入喜馬拉雅東部山區與橫斷山脈南部的多條河谷。早期的傳教士、探險家帶著獵奇的眼光看待這裏的風土人情。19 世紀伊始，民族學家、地理學家、行政人員、橋樑工程師開始進入這片地域上無人知曉、地圖上一片空白的沃野。到 20 世紀 40 年代末的 150 年間，他們記錄了大量寶貴的材料。英國、美國、印度三國學者的成績尤為突出，如果只見他們為殖民政府服務的一面而不見其科學記述的一面是不公平的。在此，我願意借鑒沙欽·羅伊的書單[5]，肯定 J. 馬肯齊、J. 布特勒、G.W. 貝雷斯福德、A.F. 查特爾、P.C. 巴釐、B.C. 戈海爾、M.D. 普格[6]等人的工作；我還要提到 F.M. 貝利、F.K. 沃德、維雷爾·埃爾溫、P.N.S. 古塔、馬駿達、N. 羅伊、B.C. 古哈和 S. 羅伊等人的努力，特別是約瑟夫·洛克、克里斯托夫·馮·菲尤勒—海門道夫和埃得蒙·利奇的奉獻。

洛克於 1922 年到達中國西南邊陲，在川、青、甘、滇接壤地帶考察，為美國農業部、國家地理協會和哈佛大學收集植物和飛禽標本，在麗江度過了 27 年。隨著時間的推移，洛克的研究興趣轉移到納西族的文化上。他的《納西英語百科詞典》收入了東巴教及瀕於消亡

5　參見〔印〕沙欽·羅伊著，李堅尚、叢曉明譯：《珞巴族阿迪人的文化》（拉薩市：西藏人民出版社，1991年），頁297-302。

6　他們的代表作分別為《孟加拉東北極邊地區山區部落記事》（1836年）、《阿薩姆山區部落概述》（1847年倫敦版）、《阿薩姆東北邊境記》（1881年西隆版、1906年重印）、《阿波爾的弔橋》（載《皇家工程師》1912年第16卷）、《阿薩姆山區部落的頭飾》（載《皇家孟加拉亞細亞學會會刊》1929年總字第25卷）、《阿波爾人的農業組織》（載《人類學系調查報告》1954年第3卷第2冊）、《東北邊境特區的娛樂活動》（1958年）等，這裏僅僅提到少的一部分。

的古納西語，他撰寫的《中國西南古納西王國》敘述了當時甘青交界處、滇西北、川西南和西藏納西族居住區域的地理、歷史、物產和文化。1992 年，邁克爾‧阿里斯在紐約出版了《喇嘛、土司和強盜》，以圖文並茂的形式回顧了洛克在川、滇、藏的田野研究經歷。[7]

第二次世界大戰期間，利奇在克欽山區打游擊。那個地區為中國的滇、藏和印度的阿薩姆邦三面環繞，有號稱「野人山」的莽莽叢林。利奇廣泛地接觸克欽人，於 1954 年出版《上緬甸諸政治體系》，提出社會轉變的動力學模型。幾乎在同一時期，克里斯托夫‧馮‧菲尤勒-海門道夫在印度調查了 10 年，期間以特派員的身份在阿薩姆地區工作兩年。他和妻子貝蒂‧勃納多在調查阿帕塔尼人[8]的間隙中，專程到麥克馬洪線以南的斯皮峽谷，那裏距離西藏的瓦弄咫尺之遙。因物資供應不足，1944 年 4 月 2 日夫婦倆開始撤退，準備翌年再進行調查，後因印度政府決定推遲這項計劃，最終未能進入西藏察隅地區。海門道夫基於田野調查的 12 本書[9]對於青藏高原的研究極具參考價值。

7　參見Michael Aris et al. Lamas, Princes, and Brigands: Joseph Rock.s Photographs of the Tibetan Borderlands of China. China House Gallery, China Institute in America, 1992.

8　中國民族學界有一種觀點，認為阿帕塔尼人與珞巴族人同源，阿帕塔尼是珞巴族的組成部分。珞巴族包含20多個部落，如尼升、巴依、瑪雅、納、崩尼等，其經濟形態與獨龍族完全相同。

9　它們是《赤裸的那加人：阿薩姆邦的獵頭部落的戰爭與和平》（1939年第1版、1968年第2版、1976年第3版）、《蘇班西尼地區的民族學注釋》（1947年）、《喜馬拉雅山區未開化的民族》（1955年）、《阿帕塔尼人和他們的鄰族：喜馬拉雅山東部的一個原始社會》（1962年，有中譯本）、《尼泊爾的夏爾巴人：信佛的高地居民》（1964年）、《尼泊爾、印度和錫蘭的社會等級制度和血緣關係：對印度教與佛教相接觸地區的人類學研究》（1966年）、《尼泊爾人類學述略》（1974年）、《喜馬拉雅山區的貿易者：尼泊爾高地的生活》（1975年，前三章半有中譯本）、《喜馬拉雅山地部落：從牲畜交換到現金交易》（1980年）、《阿魯納恰爾邦的山地人》（1982年）、《西藏文明的復興》（1990年）和《在印度部落中生活：一位人類學家的自傳》（1990年中譯本）。

　　20 世紀 50 年代以後的民族學家，無論是美國人、英國人、法國人、印度人，還是中國人，都是在利用前人收集的原始資料、繪製的地圖、提煉的概念、闡述的命題和他們的民族識別、文化分類的成果，並汲取他們務實與求真的精神力量。

　　中國學者對青藏高原東南部的民族調查可追溯到抗日戰爭時期，左仁極、羊澤、朱剛夫、李式金、李中定、陶雲逵、黃舉安（以姓氏筆劃為序）等人曾赴三江（金沙江、瀾滄江、怒江）並流地區，調查成果雖然一鱗半爪，但科學精神不可低估。李霖燦、方國瑜、楊仲鴻對納西語的研究尤其值得一提。新中國成立後的幾十年間，我的同仁，如王輔仁、王曉義、孫宏開、劉龍初、劉芳賢、宋恩常、宋兆麟、吳從眾、李堅尚、楊毓襄、張江華、姚兆麟、龔佩華、譚克讓、蔡家騏、歐陽覺亞（以姓氏筆劃為序）等，跋涉於川、青、滇、藏交界區的山水之間，也提出批判地學習和吸收西方人類學的任務。[10] 1979年，西藏社會科學院資料情報研究所在北京成立，後遷至拉薩，組織翻譯了一批文獻，吳澤霖、費孝通都身體力行地做過譯介工作。[11] 由於各種原因，我們的研究起步較晚，田野研究缺乏長期性、系統性，理論方法上也有故步自封的表現，偏重於社會經濟形態的素材，而較容易忽視社會組織、風俗制度與意識形態的素材。

　　改革開放以來，國內強調「補課」，出版了不少社會文化人類學（民族學）的理論著述，這是可喜可賀的。最近十幾年，獲得高級職稱的中青年學者也越來越多。但是，不可否認，一些民族學工作者欠缺實地調查的經歷，學界對田野調查的要求放鬆，對邊陲少數民族的研究遠遠不夠，市面上田野研究的著述稀少。有人說，目前田野工作

10 參見林耀華〈序〉，見黃淑娉、龔佩華《文化人類學理論方法研究》（廣州市：廣東高等教育出版社，2004年）。

11 參見《費孝通譯文集‧前言》（上冊）（北京市：群言出版社，2002年），頁2。

的條件（如交通、通訊、住宿、飲食、醫療、安全、語言溝通、調查
工具和手段等）較之 20 世紀五六十年代不知改善了多少，可如今的
實地調查與書齋研究的比例較之於過去不知減少了多少。[12]本人深有
同感。我雖然退休多年，但也知道一點外面的情況。現在科研的資助
力度每年都在增大，下達的課題也在增多，出版界欣欣向榮，民族類
的期刊、書籍相當多；但是，深入紮實的調查研究沒有跟上來。由於
辛勤收集第一手資料和認真提煉、精巧構思並以樸實平正的筆調敘述
的作品不太為社會所賞識和鼓勵，因此田野作品越來越少。這種情況
與歷史的發展很不合拍。就青藏高原東南部而言，隨著旅遊的開發，
三江並流自然景觀被列入《世界遺產名錄》，社會對非物質文化的保
護意識被帶動起來了，國內外迫切需要瞭解這一區域的民族現狀，搶
救、整理和保存當地的原生態文化迫在眉睫。但經常到農牧區做調查
的人不多。原因何在？這恐怕與投入和產出的衡量標準有關。譬如，
有些環境陌生而艱苦，原創性作品生產周期長，即使出得來，社會反
應也需要一定時間，不如「跟風」成效快。「不可否認，學界急功近
利的浮躁之風，評判成果室內室外一刀切的做法，都是使田野調查邊
緣化的原因。」[13]我認為，端正調查之風、調整激勵機制勢在必行，
否則民族學研究將難以為繼，更談不上以良好的姿態服務於社會。

　　西北川、青、藏交界區，以及西南邊陲川、滇、藏接壤地區，民
族學資源異常豐富，吸引著以何國強教授為首的研究團隊不畏艱苦、
鍥而不捨地調研。這套由 7 部專著組成的叢書即有選擇性地介紹了那
裏的民族文化。分冊和作者名依次為《青藏高原的婚姻和土地：引入

---

12 參見郝時遠主編：《田野調查實錄：民族調查回憶・前言》（北京市：社會科學文獻
　　出版社，1999年），頁3。

13 英國皇家人類學會編訂，周雲水、許韶明、譚青松等譯：《人類學的詢問與記錄・
　　序言》（北京市：國際炎黃文化出版社，2009年），頁13-14。

兄弟共妻制的分析》（堅贊才旦、許韶明）、《碧羅雪山兩麓人民的生
計模式》（李何春、李亞鋒）、《整體稀缺與文化適應：三岩的帕措、
紅教和民俗》（許韶明、堅贊才旦）、《獨龍江文化史綱：俅人及其鄰
族的社會變遷研究》（張勁夫、羅波）、《青藏高原東部的喪葬制度研
究》（葉遠飄）、《婦女何在？三江並流諸峽谷區的性別政治》（王天
玉）、《滇藏瀾滄江谷地的教派衝突》（王曉、高薇茗、魏樂平）。翻開
細細品味，看得出作者們長期研究的積纍。主編何國強教授是我的學
生，也是這個研究團隊的組織者。他 17 年來堅持探索漢藏區域文化，
主張多學科相結合，調查素材、史志和理論三點互補，中外資料融會
貫通，以及漢族區域和少數民族區域的文化現象互為襯托的研究思
路。自 1996 年夏天至今，他已 11 次踏上青藏高原。擔任博士生導師
以後，他努力尋求基金會的支持[14]，推動每一屆研究生到青藏高原東
部和東南部選題作論文，秉承老一輩民族學家研究西南民族的傳統，
深入偏遠的高山峽谷。據我所知，另外 10 位中青年作者在跟隨他學習
期間，除極少數人之外，皆有 1 年左右的調查經歷，目前分別在高校
或科研部門工作。他們的成果與書齋式的研究不同，每一本書都充滿
鮮活的材料，講理論、重實際，穿插縱橫（時空）比較和跨文化研究
（類型）比較，散發著田野的芬芳。

　　調查員根據已有的知識草擬提綱，到當地觀察、詢問和感受，苦
學語言，一絲不苟地記錄，孜孜不倦地追尋文化變遷的足跡，修正調
查提綱和理論預設。他們入鄉隨俗、遵循當地禮節，與村民建立互

---

14 本研究相關課題獲得4次資助，即「青藏高原的兄弟共妻制研究：以衛藏和康的五
個社區為例」（香港中山大學高等學術研究基金，2004-2005年）、「青藏高原東部三
江並流地區民族文化的歷史人類學研究」（教育部人文社會科學基金，2006-2008
年）、「三江並流峽谷的民族文化和社會結構變遷研究」（國家社會科學基金，2007-
2009年）、「川青滇藏交界區民族文化多樣性的動力學研究」（國家社會科學基金，
2012-2014年）。

信,由此獲得可信的感知材料。但這套叢書不是田野材料的機械堆砌,而是在科學方法和理論模組引導下的分析、綜合與描述,不僅揭示了該地區存在的一些問題——如風俗制度的動力和機制、傳統生計的命運、社會轉型時期婦女的角色變遷等——而且對這些問題做出了切合實際的解答。

這套叢書堅持了民族學研究偏遠之地的優良傳統,同時強調多維視角,突出科研的前沿性、創新性及應用性,對於邊疆少數民族的研究具有彌足珍貴的作用,同時給東南亞乃至世界的民族學提供了參考價值;在搶救和整理瀕臨絕境的原生態文化方面,體現了學術研究在增進國民福祉及促進社會和諧過程中的作用,在為西部開發提供決策依據並帶動民族文化的保護性研究等方面均有不可忽視的意義。

這套叢書還凸顯了「好料做好菜」的訣竅。前期 4 個課題資助,10 餘年田野調查取得的第一手資料絕不會自動轉化為社會公認的產品,需要緊扣「民族特色」提煉選題,科學搭配,形成整體效應。編者先是將婚姻與喪葬制度、血緣組織、傳統生計、本地宗教和外來宗教(東巴教、藏傳佛教和天主教)的碰撞、婦女地位、先進民族的幫助與後進民族的發展等選題集合在一個總題目下共同反映特定區域的文化,「好菜」就做了一半;繼而在中山大學出版社的鼎力協助下申請國家出版基金資助專案,爭取新的資源來整合後續工作。這樣,整道「菜」就做好了。以上兩點在何國強教授與中山大學出版社的通力合作中可見端倪,同時專家的支持[15]也相當重要。在這個基礎上,各分冊的作者和責任編輯保持良好的互動,認真審稿,精益求精地修改文本、補充資料、優化結構,本著為人民高度負責的精神對待自己的

---

15 這套叢書於2011年入選「十二五」國家重點圖書出版規劃專案,2012年入選國家出版基金資助專案。兩次申報工作,均得到四川省社會科學院任新建研究員和中國人民大學胡鴻保教授的極力推薦。

職業。凡此皆說明學術界與出版界的精誠合作對於完成科研成果轉換的重要作用。

前言

　　碧羅雪山（又稱怒山）是喜馬拉雅山的餘脈，處中國之西南，位於西藏之東南、雲南之西北。其東麓和西麓分別是著名的瀾滄江峽谷和怒江大峽谷。兩峽谷之間的高山上居住著藏族、納西族、傈僳族、怒族、獨龍族、普米族等少數民族，這些民族至今仍保持著本民族的文化特色。在這一少數民族聚居區內，每個民族都通過自身的方式展現著本民族的文化。有時甚至出現這樣的情況：一家六口人同在一個屋簷下生活，卻有著五種以上的信仰；有著共同信仰的人們卻又屬不同的民族，各自保留著不同的文化習俗。長期的民族互動與衝突過程，使得該區域成為民族文化沉澱最深厚、最豐富的文化帶。

　　不同民族在碧羅雪山兩麓展現了一段人類生存和適應過程中充滿斗爭卻又五彩繽紛的歷史。「人們為了能夠『創造歷史』，必須能夠生活；但是為了生活，首先就需要衣、食、住以及其它東西。因此，第一個歷史活動便是生產滿足這些需要的資料，即生產物質生活本身。」[1]今天，碧羅雪山兩麓多民族分佈的格局和多元文化融合的現象，是各民族人民在歷時性和共時性的雙重作用下從事生產資料活動過程中形成的，是人與自然和社會長期互動的結果；在這一歷史過程中，不同的民族學會了如何應對來自自然和社會的壓力以維持最基本的生活，並在不斷衝突和融合中相互學習、相互影響，以此來提高生存技能。因此，無論是通過歷史記憶傳承下來的經驗，還是吸收他族

1　《馬克思恩格斯全集》（第3卷）（北京市：人民出版社，2001年），頁32。

的適應技能，都成為本民族生計方式的組成要素。

　　總體來說，民族共同體或族群的生計模式是人類在一定的地域內依附自身所處的生態環境，為維持其自身、家庭以及民族的生存、延續和發展所形成的多元的謀生手段。這種生計模式具有穩定性、開放性、多元性、合理性、系統性、延續性和關聯性等特點，是受其特定文化影響的生存方式的總和。

　　從古至今，碧羅雪山兩麓地域內的各民族共同呈現了包含採集狩獵、刀耕火種、游牧、畜牧、農業、種植業（如葡萄與核桃等）、鹽業和商業在內的多種生計方式，為維持自身的生存和發展發揮了應有的作用，為我們認識同一區域內不同民族的多樣化生計提供了一面鏡子。該地域也成為眾多民族學、人類學工作者不顧道路艱險和個人安危，力圖揭開當地民族文化之外衣的「聖地」。

　　筆者關注碧羅雪山兩麓人民的生計模式，其理由如下：

　　（1）該區域地處兩江峽谷之間，氣候複雜，群山起伏、海拔高，原始森林植被覆蓋面積廣、動植物資源豐富，生態環境自身恢復能力強。歷史上，在中國西南的這一區域內，各民族互動頻繁，衝突時有發生，使得多民族在政治博弈和族群衝突下形成了新的具有文化多樣性的族群。一方面，各民族保持了族群特有的文化認同；另一方面，多民族聚居區內不同民族在文化上的相互影響較深，造成文化涵化。整體上，不同民族長期以來在不同的文化背景下，對生態環境有了較強的適應性。

　　（2）該區域內多元生計並存的現象特別突出。直到 20 世紀初，生活在碧羅雪山西麓怒江兩岸的怒族、獨龍族、傈僳族等民族，還過著從原始社會向奴隸社會過渡的生活，多以採集、漁獵、刀耕火種為生計，農業長期得不到發展，經常食不能飽、衣不能暖；為了生存，人們不得不進行採集漁獵活動。所幸的是，碧羅雪山西麓的怒江兩

岸，東面是碧羅雪山，西臨高黎貢山，植被豐富，動植物種類繁多，給生活在這裏的人們提供了天然的物質資料。比起西麓，生活在東麓的人民歷史上受漢族、白族、納西族等民族的文化影響深，已逐漸走向以畜牧業、農業、鹽業、葡萄種植業、商業等為主要生計方式的生活。因此，東西兩麓的瀾滄江峽谷和怒江峽谷地帶，形成了多民族共居、多元生計方式並存、多種宗教共存的文化區域，這對人類學、民族學研究來說無疑是寶貴的財富。

（3）綜觀全球化給中國社會帶來的急劇變化，現代化的觸角已經伸入少數民族傳統地區，同時某些文化現象正不斷消逝，因此記錄少數民族多元文化迫在眉睫。需要指出的是，碧羅雪山下的村莊畢竟遠離大中城市，由於交通不便、地勢險要，現代城市社會的生活方式暫時還未能完全滲透到該地區，此時進入該地區進行民族文化的研究為時不晚。

從歷史觀的角度來看，就一個民族而言，如果它的文化延續越久，越能證明它適應來自環境和社會雙重壓力的能力越強。20 世紀末，中國在通信、交通等方面技術不斷發展，物質資料生產不斷豐富，城鄉間的物質資料、基礎設施、教育水準等方面的差異變得越來越小，各民族之間的差距也在不斷縮小。在這樣的時代背景下，筆者旨在盡可能認識世代生存在這片歷史周期長、文化積澱深的土地上的諸如傈僳族、怒族、藏族、納西族、獨龍族等民族，理解和詮釋他們的生活。無疑，歷史資料的記錄和現實調查的情況都表明，生活在該區域內的民族具有極強的適應自然和社會的能力，這對研究者來說是極大的鼓舞。

總體來說，碧羅雪山兩麓地區具有以下人文特點：

（1）地域狹窄，民族眾多；垂直氣候明顯，生計方式複雜多樣。

（2）民族遷徙頻繁，東麓各民族之間商貿往來歷史悠久，文獻

記載表明至少唐代就已經　開始有藏族和納西族之間的交換。

（3）該區域是藏族和漢族的中間過渡地帶，包含藏、納西、傈傈、白、怒、獨龍等多個少數民族；宗教衝突現象明顯，表現在藏傳佛教各教派之間和不同宗教（如藏傳佛教與東巴教、天主教）之間時有衝突。

（4）政權交替頻繁且混亂，且表現在政治邊界上的混亂，導致衝突不斷發生；政教合一制度長期影響著該地區的政治、經濟、文化。

因此，本書試圖從歷時性的角度分析碧羅雪山兩麓形成多樣生計的原因，從共時性的角度剖析東西兩麓不同生計的細微差異。結合歷史文獻和田野調查，本書最終形成以下觀點：

（1）碧羅雪山兩麓人民的多元生計是不同民族在歷史長河中，為了規避自身的不足，充分利用自然資源，圍繞人類社會的兩大生產（即人口生產和物質資料生產）而逐漸形成的適應自然和社會的技術與策略；這種適應表現在兩個方面：一方面是適應自然環境，另一方面是適應所在的社會組織。適應自然環境為的是通過和自然環境互動，進行自身需要的物質資料的生產；適應社會組織為的是給生存提供各種保障。

（2）一個民族的封閉性是相對的，在相對的空間內，不同民族長期以來不斷衝突與融合。衝突是為了在自我認同和民族認同上形成邊界，融合是為了吸收不同文化間的精髓從而形成互動和共生。而這一切都是為了使種族得到繁衍、民族自身的文化得到傳承。不同民族在生存過程中形成了不同的手段，同時，不同民族在資源的佔有方式上也不盡相同，以致民族之間對物質資料的不同需求要求各民族之間盡量保持一定的交換和互利關係，以保證滿足身體對不同營養物質的需要。

（3）一個民族的生存條件越艱苦，說明該民族適應環境和社會

的能力越強，也越能集中表現該民族的生計方式。即生計方式越單一的民族，生存技能越強。這可以從東西兩麓生計情況比較中看出。

基本結論有兩條：①生活在碧羅雪山兩麓不同民族的人都盡可能地適應環境，在與自然界長期互動的過程中，形成了各種生存技能。②各民族人民生計方式的形成過程不僅是通過技術手段獲得資源的過程，也是各民族不斷和周邊民族互動的過程；同時，生計也包括人們在各自的社會組織結構中，依靠非正常手段（如搶劫、乞食、佔有婦女等）獲得利益的各類手段。

本書是歷史文獻研究和田野調查相結合的產物，圍繞多元生計的主題，在碧羅雪山兩麓選擇了三個主要田野點，並對多個自然村寨進行了調查，通過點的描述形成面的認識。

本書以緒論展開，提出研究的問題、對象以及方法，並對有關生計的研究情況做了扼要的回顧，在此基礎上闡明碧羅雪山兩麓人們生計模式研究可能存在的價值和意義。第一章介紹了兩個方面的內容：一是自然環境，介紹碧羅雪山的地理位置、氣候、海拔、雨量、各種動植物資源、鹵水資源，目的是為了研究當地人生計提供背景知識；二是民族和歷史，介紹該區域內不同民族的族源和歷史，以及不同民族之間的關係。第二章和第三章總體介紹本書研究的各種生計形成的主要因素及其大體情況，從而為第四章到第九章的內容做鋪墊。第四章介紹碧羅雪山兩麓峽谷內的農業，從土地類型和耕作條件入手，展現地方社會從事的各種農業情況，分析在農業生產過程中人們形成的技能以及農事知識。第五章分析在耕種土地有限的情況下，人們如何利用人畜關係和人地關係進行轉場放牧，同時介紹不同種類的牲畜和餵養方式。第六章介紹人們利用生態資源進行採集漁獵的方式和技能。第七章介紹西藏鹽井傳統鹽業技術以及鹽業生產在碧羅雪山兩麓區域內起到的作用和意義。第八章著重介紹人們在獲得物質資料後如

何進行加工，以及在生產過程中以何種方式對生產工具進行改進或創造。第九章介紹了藏區政教制度，分析在特定權力關係下，社會組織或個體（如寺院、土司、商人、馬幫、土匪等）如何通過正常或非正常手段獲得物質資料。

緒 論

　　「物以類聚，人以群分」，「把人視為類的存在，是人的社會性發展的產物，是人的世界歷史性已經成為一種經驗的觀念性反映」[1]，而且「人的社會性的存在和發展，首先表現在人的群體生存中」[2]。人類社會的發展從最初以血緣關係為紐帶的氏族部落社會逐漸發展成為今天「網路式」的複雜社會，先後經歷了血緣、地緣、業緣等階段的發展，但是人類始終無法擺脫群的生存方式；而群的存在必將建立在時空的二元關係上，以便能動地適應周圍的自然環境和所處的社會。這將決定探討碧羅雪山兩麓人民的生計模式不再是顯微鏡式的觀察個體的行為動向，而是把一個區域內具有文化認同或文化碰撞的民族共同體作為剖析的對象。

第一節　本書的研究對象及其方法

一　研究對象

　　本書以碧羅雪山兩麓區域內的多民族共同體為研究對象。碧羅雪山屬於喜馬拉雅山脈的餘脈，是由一系列群山組成的橫斷山脈，西到怒江，東至金沙江，南到大理白族自治州（簡稱「大理州」）雲龍

1　陳慶德：《經濟人類學》（北京市：人民出版社，2001年），頁3。
2　同上。

縣，北臨察隅縣和芒康縣；是中國西南的怒江與瀾滄江兩條大江的分水嶺，也是雲南省怒江傈僳族自治州（簡稱「怒江州」）與雲南省迪慶藏族自治州（簡稱「迪慶州」）的交界地帶。該地域在地理空間上涉及 9 個縣的區域，即西藏自治區境內的察隅縣、芒康縣，雲南怒江州境內的瀘水縣、貢山縣、蘭坪縣、福貢縣，迪慶州境內的德欽縣、維西縣以及大理州境內的雲龍縣，跨地面積 3 萬多平方公里，海拔超過 4,000 公尺的雪山就有 15 座。其中的最高峰屬老窩山，海拔4,435.4 公尺，是這些雪山中最美的地方。在海拔 3,000 公尺以上的高山地段，原始生態系統保存十分完整，氣候往往變化無常；高山湖泊、小溪隨處可見，七八月在山頂還能看到未完全融化的冰雪，頗為迷人；春夏之交，山中雲霧繚繞，野花遍地，特別是各種顏色的杜鵑花盛開的時節，尤為壯觀。

　　研究一個族群，往往離不開兩個關鍵性問題的分析：一則民族淵源，二則民族的分佈和生計方式。相比較之下，生計方式的研究顯得更加有意義，因為「一個民族的生計方式是該民族文化不可分割的有機組成部分，它是民族文化這個龐大系統中的一個小系統」[3]。但問題的關鍵在於，如何通過生計來認清龐大的民族文化，這正是本書要研究的內容。總體來說，對生計方式的研究有廣度、深度和力度等維度的要求。由於涉及諸多較為複雜的問題，因此，不僅需要共時性的比較研究，還需要歷時性的邏輯判斷，尤其是對相關文化的探討要求對族源有一定的追溯。

　　重視一個族群的生態環境及他們適應不同環境所採取的方式，依據田野調查資料，運用人類學與民族學的理論分析材料並形成結論，

3　羅康隆：《文化適應與文化制衡：基於人類文化生態的思考》（北京市：民族出版社，2007年），頁18。

非常重要。對於一個族群的分析探討，不但要注意這個族群生存的基本因素（地理環境），如土地資源、水源氣候、耕地面積、植被覆蓋面積以及其它各類資源等，而且最重要的是要注意他們的生存策略。[4]眾所週知，族群生存的環境因素僅僅是為其產生某種生計方式提供可能，環境與生計方式之間不是一對一的映像關係，而極可能是多元函數關係，即一種引數的變化能帶來一種以上的因變數變化的結果，有時多個引數的共同作用只帶來一個因變數的變化，這說明了環境和生計之間有不確定性。生存環境是人類進行各項活動的基礎，生計方式是人類與自然、社會不斷互動的結果，是人類為維持基本生活而採用的手段和方法。

既然生計是一種手段或方法，我們就試圖站在中立的立場上來論述碧羅雪山兩麓多元生計存在的客觀性。生計方式不只是人與自然的關係，還是個人與社會的關係。人是社會中的人，生活在一定社會環境中的人必然受社會因素的制約。因此，任何為求其生存所採用的手段，只要能為個人或群體帶來物質或利益的回報，就是生計方式的精彩展現。

碧羅雪山兩麓的廣袤地域，涉及兩條大峽谷、三條大江（即金沙江、瀾滄江、怒江）、一條南北走向的大山脈和無數的高山河谷。從歷史上看，世代生活在這裏的民族，存在著共同的民族淵源。為了避免斷章取義和割斷歷史，同時考慮到文化的縱橫傳播、交流與互動，此次研究尤為關注西藏自治區芒康縣鹽井納西民族鄉（簡稱「鹽井」）鹽文化在茶馬古道上的影響以及因鹽的交換引起的各民族的交往和互動——文獻表明鹽井的傳統手工鹽一直供給臨近鹽井的察隅、

---

4 參見何國強：《圍屋裏的宗族社會——廣東客家族群生計模式研究》（南寧市：廣西民族出版社，2002年），頁4。

貢山、德欽、昌都、巴塘、德榮等地。為此，筆者試圖將鹽井鄉傳統
鹽業的生產作為一種特殊的生計模式引入本課題研究的範圍。其理由
有三：

一是從人類學的研究來看，地域不應該成為研究民族文化的一個
限制性因素，地域的劃定只是為探討某一個問題提供方便而已。王銘
銘就曾用「民族學一盤棋」來討論地區內的民族問題研究。他指出：

1. 地區性的民族學研究，不應將自身的視野局限於單個民族，
若是那樣做，便可能要重複論證單個民族的社會形態史；

2. 地區性的民族學研究，應關注歷史與文化意義上的「圍棋式
串聯」，將區域內部的流動關係（即棋活的含義）當作研究
的關鍵；

3. 地區性的民族學研究，應實行跨學科合作，考察民族間關係
的複雜性和歷史積澱。[5]

因此，把一個區域絕對孤立起來，是人們研究過程中存在的一種
定式；今天的地域劃分是歷史變遷的結果，而歷史上的區域也絕不是
一成不變的；歷史上各民族之間絕非嚴守「邊界」，「邊界」是處於不
斷變化中的。

二是從嚴格意義上來說，鹽井屬於碧羅雪山兩麓向北延伸的地
帶，但與怒江州的貢山、西藏的察瓦龍、迪慶州的德欽組成的「三角
地帶」在歷史淵源上有著不可割裂的文化關係。貿易上，藏族和怒
族、獨龍族之間有著長期的原始交換方式──物物交換，甚至形成奴
隸制的主奴關係，生活在獨龍江和貢山北段的獨龍族、怒族成為來自

5　王銘銘：《中間圈：「藏彝走廊」與人類學的再構思》（上海市：社會科學文獻出版
社，2008年），頁9。

察瓦龍藏族頭人、土司的農奴；政治上，長期以來，怒族、獨龍族成
為西藏察瓦龍寺院喇嘛、頭人壓迫的對象；經濟上，貢山一帶自明清
以來一直食用鹽井手工生產的鹽，調查資料顯示，十幾年前貢山縣丙
中洛鄉的村民還在食用鹽井的手工鹽。因為鹽作為一種稀缺品顯得極
為重要，來自西藏的藏族寺院、土司等頭人正是通過控製鹽這種人體
必需品來操縱地方社會的。西藏解放以前，察瓦龍的寺院喇嘛和頭人
沿著獨龍江往怒江貢山一帶指派為他們辦事的正、副「村頭」——
「專達」和「涅木曾」，而給他們支付的報酬正是產自鹽井的鹽巴。
獨龍族當中的一些年老體衰的「村頭」不再繼續為他們效勞時，必須
先得到察瓦龍土司的准許，還要向土司贈送一兩件麻布毯、一竹筒酒
或一兩隻雞，才算交差。[6]清代《菖蒲桶志》記載：「菖屬盡食砂鹽，
產於西康省鹽井縣，由察瓦隆蠻人運販，概系以糧穀調換。」[7]當地
的少數民族常常用換得的鹽來製作該地最有文化特色的琵琶肉。以上
資料進一步表明，鹽井與怒江的怒族和獨龍族之間有著密切的關係。

　　三是鹽業生產技術相傳是明代萬曆年間木氏土司攻打鹽井時傳入
的，當然，木氏土司進入鹽井之前是否就已經出現小規模製鹽，還需
進一步證實。但這表明藏族和納西族在文化上有從衝突到融合的過
程，鹽業的興起是族群互動的結果。通過比較、分析、判斷，最終決
定選取雲南省怒江州貢山縣丙中洛鄉的 3 個村、雲南省迪慶州德欽縣
燕門鄉茨中村以及西藏自治區芒康縣鹽井納西民族鄉為主要田野調
查點。

6　參見蔡家麒著：《藏彝走廊中的獨龍族社會歷史考察》（北京市：民族出版社，2008
　　年），頁99。

7　轉引自李道生主編：《怒江文史資料選輯》（第十八輯）政協雲南省貢山獨龍族怒族
　　自治縣委員會、政協雲南省怒江傈僳族自治州委員會文史資料研究委員會，1991年
　　刊印，頁48。

　　本書的主題是碧羅雪山兩麓人民的生計模式，簡單來說就是生存策略。所用材料一部分來自 2011 年 8 月和 2012 年 7 至 8 月的田野調查材料，一部分來自文獻資料，全部論述皆以事實為前提。以下簡要介紹田野調查點的基本概況。

　　第一個調查點的貢山縣下轄丙中洛、捧當、普拉底、獨龍江、茨開四鄉一鎮。其中，丙中洛鄉位於貢山獨龍族怒族自治縣北部，介於東經 98°23'-98°42'、北緯 27°51'-28°31' 之間；北靠西藏察隅縣察瓦龍鄉，南臨本縣的捧當鄉，東接德欽縣燕門鄉，西鄰本縣獨龍江鄉；地處三江並流世界自然遺產及國家級風景名勝區的核心地區，靠近緬甸、印度，是茶馬古道怒江支線的必經之地，是怒江州境內藏族的主要聚居區。無論從穩定邊疆的政治意義上看，還是從推動少數民族聚居區的發展來看，貢山縣的丙中洛鄉都具有重要的戰略地位，也是東方大峽谷——怒江峽谷中的一塊寶地。這裏山川秀美，物產豐富，多民族共居，三教並存，民風淳樸，民族文化資源豐富。

　　丙中洛原稱「丙中」，藏語意為藏族寨子，即過去是藏族人居住的寨子。全鄉總面積 823 平方公里，地勢北高南低，最高海拔 5,128 公尺、最低海拔 1,430 公尺，鄉政府駐地海拔 1,750 公尺，年平均溫度 13.4 至 15.5 度、積溫 3,830 至 4,720 度，年降雨量 1,200 至 1,400 公尺，無霜期 260 天。怒江由北向南貫穿全境，其兩岸是連綿不斷的碧羅雪山和高黎貢山，兩山夾一江，形成了典型的峽谷地貌。[8]

　　全鄉共轄有 4 個行政村，32 個自然村，46 個村民小組。截至 2011 年年末，全鄉人口 6,461 人，總戶數為 1,988 戶。其中，農村人口 1,680 戶、5,854 人，農村人口占總人口的 90.60%；城鎮人口 208 戶、607 人。全鄉有 16 個民族，漢族 152 人，占總人口數的 2.35%；

8　參見該鄉新農村指導員李洪林於2012年7月28日提供的《丙中洛鄉情簡介》。

少數民族 6,309 人，占總人口的 97.64%。其中，怒族 3,275 人，占總人口數的 50.69%；傈僳族 2,015 人，占總人口數的 31.19%；獨龍族 413 人，占總人口數的 6.39%；其它少數民族 66 人，占總人口數的 1.02%。

全鄉森林面積 62,548 公頃，森林覆蓋率為 76%。全鄉共有耕地 933.6 公頃，人均佔有耕地 0.16 公頃。全鄉糧食播種面積 1,253.87 公頃，糧食總產量 306 萬公斤，農民人均佔有糧 511 公斤；農村經濟總收入 1,402 萬元，農民人均純收入 1,718 元；大牲畜存欄 3,705 頭，生豬存欄 8,900 頭，羊存欄 1,600 隻，肉產量 59 噸；鄉鎮企業 139 個，從業人員 368 人，總產值 1,681 萬元。全鄉有文化站 1 個，文化活動室 2 個，電視覆蓋率 80%；科技推廣面積 584.7 公頃，科技培訓 52 期，參訓 3,200 人次；有中學 1 所，在校生 492 人、教師 42 人，有中心完小 1 所，在校生 596 人、教師 51 人；有鄉衛生院 1 間，醫務人員 9 人。[9]

筆者於 2012 年 8 月到丙中洛鄉的 3 個村進行調查，它們分別是丙中洛村、甲生村和秋那桶村。以下分別簡單介紹。

丙中洛村即丙中洛鄉政府所在地，距離縣城 44 公里；東臨雙拉村，北靠甲生村；轄 16 個村民小組。2011 年，全村有 528 戶、1,834 人。其中,怒族 696 人，占 37.95%；傈僳族 824 人，占 44.90%；藏族 220 人，占 12.00%；獨龍族 56 人，占 3.05%；漢族 38 人，占 2.07%。2011 年全村經濟收入 4,562,771 元，其中，種植業收入占總收入的 31.7%，畜牧業收入占總收入的 25%，第二、第三產業收入占總收入的 3.4%。

---

9 參見丙中洛新農隊2012年4月20日提供的《丙中洛鄉新農村建設工作隊駐村調研報告材料》。

甲生村位於丙中洛鄉北部，北接秋那桶村，離鄉政府所在地 5 公里。截至 2011 年年底，全村共有戶數 382 戶，總人口 1,412 人。其中，怒族 714 人，約占 50%；傈僳族 475 人，藏族 113 人，獨龍族 99 人，彝族 1 人，佤族 1 人，白族 6 人，納西族 3 人。

秋那桶村地處丙中洛鄉最北邊，距離鄉政府所在地 15 公里、縣城（茨開鎮）59 公里，南鄰本鄉的甲生村，北靠西藏察隅縣察瓦龍鄉，是該地區的村民進入西藏的必經之地，轄青那、石普、處崗等 10 個村民小組。2012 年有 327 戶、1,248 人。其中，有宗教信仰人數為 805 人，占全村人口的 64.5%。怒江地區村落規模較小，通常二三十戶形成一個小聚落，且分散居住在山腰峽谷之中，村落之間相距 58 公里。這種情況與清代夏瑚在怒俅兩江巡視時所描述的情景相似：「恆三五十里始得一村，每村居民多至七八戶，少或二三戶，每戶相距，又或七八公里，十餘公里不等。」[10]人口少、分散居住成為該地區村落組織的特點。

第二個田野調查點為雲南迪慶州德欽縣燕門鄉。燕門鄉位於德欽縣城南部瀾滄江干熱河谷，同屬三江並流世界文化自然遺產核心腹地，東與白馬雪山國家級自然保護區霞若段相連，西靠怒江州貢山縣，南鄰維西縣巴迪鄉，北與本縣雲嶺鄉河谷地區成片。德維（德欽到維西）公路由北到南貫穿全境，全鄉面積 580 平方公里，立體氣候十分明顯，境內最高海拔 5,300 公尺、最低海拔 1,840 公尺。

全鄉轄有 7 個村委會 62 個村民小組，2011 年末共有 1,724 戶、7,573 人。其中，貧困戶 708 戶、3,201 人，大專及大專以上文化程度有 47 人，高中及中專文化程度有 98 人，初中文化程度有 333 人。

---

10 〔清〕夏瑚：《怒俅邊隘詳情》，方國瑜主編《雲南史料叢刊》（第十二卷）（昆明市：雲南大學出版社，2001 年），頁149。

2011 年耕地面積為 499.2 公頃,糧食總產量約為 316.41 萬公斤,人均有糧 738 公斤。2011 年年底統計,全鄉退耕還林總面積 927 公頃,葡萄種植面積為 127.86 公頃,核桃種植面積為 120 公頃。農村經濟總收入為 441.34 萬元,建築業收入為 12.2 萬元,運輸業收入為 250.51 萬元,餐飲業收入為 79.62 萬元,服務業收入為 88.02 萬元。[11]

境內居住著藏族、納西族、傈僳族、獨龍族、怒族、白族 6 個少數民族,主要信仰藏傳佛教、天主教及東巴教。轄內共有藏傳佛教寺院 4 座,僧侶 170 人。其中,燕門鄉拖拉寺僧侶 28 人,玉竹寺僧侶 72 人,崩貢寺僧侶 35 人,禹功寺僧侶 35 人。轄內共有天主教堂 2 個,信眾 800 餘人。茨中村轄有 9 個村民小組,共有 235 戶、1,100 人。村落居住著藏族、漢族、傈僳族、納西族、白族、怒族等民族,全村天主教信眾約占 50%,佛教信眾約占 40%,東巴教信眾約占 10%;擁有國家級文物保護單位茨中天主教堂 1 座。

第三個田野點是鹽井納西民族鄉所轄的納西村、上鹽井村、加達村 3 個製鹽的村落。鹽井納西民族鄉現歸西藏自治區芒康縣管轄。歷史上的鹽井因產鹽而出名。洪武年間(1371 年)明朝政府設置「朵甘衛指揮司」管理四川巴塘,鹽井當時屬巴塘的轄區,並在此處設置縣一級行政單位至 1959 年。鹽井一直以來作為產鹽之地,加上在川、滇、藏交界地帶佔據有利位置,均使得其在軍事、政治、經濟中扮演了重要的角色。

鹽井處中國之西南,西藏自治區東南端,屬青藏高原東南部橫斷山脈,位於碧羅雪山東麓,地理座標為東經 98°27'-99°05'、北緯 28°37'-29°30';處於瀾滄江東岸,芒康縣城到德欽縣城的中間,平均海拔 2,400 公尺左右。鹽井所處的區域在東西直線寬約 250 公里之間

---

11 參見燕門鄉人民政府辦公室於2012年7月提供的《燕門鄉簡介》。

就有金沙江、瀾滄江、怒江 3 條大江，在區域平面上呈現為三江並流的地貌景觀；且屬於三江並流的上游，是碧羅雪山往東延伸的過渡山脈。其西邊是玉曲河，東邊是金沙江，瀾滄江流經該鄉，其地勢呈現出北高南低。東北與四川巴塘相鄰，南與雲南德欽接壤，西與西藏左貢縣紮玉、碧土、門孔等相連；主要的山脈有寧靜山、怒山等，最高峰朋波日峰海拔為 5,084 公尺。納西鄉地形複雜，絕大部分地區為陡峻的山嶺，山高穀深，屬典型的乾熱河谷氣候。全鄉平均海拔 2,600 公尺，日均氣溫達 20℃，年降水量為 350 至 480 公釐；土地面積 375 平方公里，其中森林面積 10,337 公頃，耕地面積 210.27 公頃，人均佔有耕地面積 0.05 公頃。鹽井境內有包括納西族、藏族、彝族、白族、傈僳族等在內的多個少數民族。

二 研究方法

在研究方法上，本書試圖採用人類學的理論視角，以歷史材料反映民族文化和族源為主線，以參與觀察所得資料為內容；擬採用參與觀察、深入訪談、比較分析、整體觀、歷史—邏輯分析等方法，盡可能地反映碧羅雪山兩麓內多民族融合的多元生計圖景。本研究主要以人類學參與觀察的傳統方式為主要研究手段，輔之使用資料分析、統計、繪圖等技術，不僅採用生態人類學、文化唯物主義的理論方法，而且借鑒國內外相關的漢學人類學、文化地理學的有關理論，敘述過程還將強調歷史與邏輯的統一，力求深刻揭示對象。

1 參與觀察法

人類學家楊成志先生早年深刻地說到，人類學是靠雙腿走出來的。的確，參與觀察是人類學工作者手中的利劍。人類學到了 20 世

紀 20 年代，馬林諾夫斯基開創了真正意義上的現代人類學的田野工作方法，並確立了民族志方法的「三大原則」[12]，真正做到人類學研究的參與觀察，深入土著居民，與之同吃、同居、同勞動。該方法極大地推動了人類學田野調查的發展，眾多學者紛紛傚仿，走出書齋，進入田野。

　　本書的研究正是建立在筆者兩人親身觀察碧羅雪山兩麓人民的生計狀況並進行實地調查的基礎上。我們先後深入德欽縣燕門鄉、西藏鹽井鄉、貢山縣丙中洛鄉 3 個調查點親身體會，這為分析該區域的多元生計奠定了基礎。

2 比較分析法

　　此種分析方法有兩種情況：一種是多個不同田野調查點之間的比較。我們知道，同一個環境中的不同族群也會有不同的文化特點，因此在不同的調查點之間同一民族的比較，可以避免「身在廬山」不知「其真面目」的情況發生。更能看到兩者之間的細微不同，以及不同的形成原因，這就是所謂的多點比較調查。另一種是在不同的文化群體之間進行的比較，這就是跨文化比較。跨文化比較的目的在於從「他者」的眼光來看待「我者」，又從「我者」的角度來分析「他者」。人類學家拉德克利夫・布朗對比較研究有很高的評價，稱「對於社會人類學來說，任務是闡述和證實社會體系存在的條件和在社會變遷中可觀察到的規律的理論。而這只有通過比較的方法系統使用才能做到」[13]。臺灣學者黃應貴認為：「人類學所說的比較的觀點是複雜

12　〔英〕馬林諾夫斯基著，梁永佳、李紹明譯：《西太平洋的航海者》（北京市：華夏出版社，2002年），頁4。

13　〔英〕拉德克利夫・布朗著，夏建中譯：《社會人類學方法》（北京市：華夏出版社，2002年），頁121。

而有不同類型的。第一種是透過各種不同類型的社會或現象尋求更具普遍性與真實的性質和解釋，……第三種是由個案研究所具有的批判性策略產生的比較的觀點和意義。」[14]

本書的研究，一是通過比較碧羅雪山東西兩麓不同民族採用的不同生計策略，尋找二者間的差異性和關聯性；二是比較東西兩麓同一民族不同的生計策略，尋找不同的根源，關注不同文化背景下民族的生存方式。

3 整體觀研究法

筆者認為，文化的研究是不斷把一個大的系統逐漸分割成不同的小系統。美國人類學家埃里克・沃爾夫指出：「人類社會是一個由諸多彼此關聯的過程組成的複合體和整體，這就意味著，如果把這個整體分解成彼此不相干的部分，其結局必然是將重組成虛假的現實。諸如民族、社會和文化等概念只指名部分，其危險在於可能變名為實。唯有將這些命名理解為一叢叢的關係，並重新放入它們被抽象出來的場景中，我們方有希望避免得出錯誤的結論，並增加我們共同的理解。」[15]在碧羅雪山兩麓生計模式的研究中，儘管鹽井鄉在地域上稍微靠北，但是考慮其鹽業在文化傳播中以及民族之間衝突和融合中扮演著重要的角色，因此，把這個區域的生計模式——鹽業的生產，也納入本書的研究範圍，這是整體研究的一個方法和步驟。整體觀的研究還試圖把歷時性研究和共時性研究整合起來，把文化的縱向和橫向兩個方面的內容扭成一股繩子。

---

14 黃應貴：《反景入深林：人類學的觀照、理論與實踐》（北京市：商務印書館，2010年），頁86-87。

15 〔美〕埃里克・沃爾夫著，趙炳祥、劉傳珠、楊玉靜譯：《歐洲與沒有歷史的人民》（上海市：上海世紀出版集團2006年），頁7。

4 個案研究法

　　個案研究法是人類學研究的重要工具，也是常用的工具，這是由人類社會發展過程的不平衡性和特殊性決定的。通過個案研究，有針對性地進行訪談，有利於拓展問題研究的深度和廣度，從縱向看是為了分析文化或社會現象存在特殊性的原因，從橫向看是為了比較研究不同的點或村寨之間的差異性。個案研究將為課題研究提供更客觀、更準確的分析材料。筆者在課題研究中深入調查後得知，位於燕門鄉政府南部不到 1 公里的自然村──華豐坪人多地少，必須拋棄傳統的畜牧業或農業，只能發展商業；這裏的農民大多靠餵豬、做點小生意維持生計。但自從德維公路開工建設以來，絕大多數土地被佔用或在施工過程中被毀壞，土地越來越少，目前人均土地面積不到 0.02 公頃；加上瀾滄江上游的古水水電站開發建設逐漸成為趨勢，一旦水電站建成，該村將面臨庫區水位提升而被淹沒的情形，村裏的人們對未來的生活甚是擔憂。

5 歷史─邏輯方法

　　適當運用歷史唯物主義的觀點對人類學的研究有很大的幫助。「歷史常常是跳躍式地和曲折地前進的，如果必須處處跟隨著它，那就勢必不僅會注意許多無關緊要的材料，而且也會常常打斷思想進程；並且，寫經濟學史又不能撇開資產階級社會的歷史，這就會使工作永無止境，因為一切準備工作都還沒有做。因此，邏輯的研究方式是唯一適用的方式。」[16]因此我們可以採用歷史─邏輯的方法來考察碧羅雪山兩麓人民的生計變遷，捨棄那些無關的東西，重點把握生計本身所可能展現的脈絡。恩格斯也曾經說過：「歷史從哪裏開始，思

---

16 《馬克思恩格斯全集》（第13卷）（北京市：人民出版社：2001年），頁532。

想進程也應當從哪裏開始，而思想進程的進一步發展不過是歷史過程在抽象的、理論上前後一貫的形式上的反映；這種反映是經過修正的，然而是按照現實的歷史過程本身的規律修正的。」[17]這就要求我們研究一個民族的歷史就要研究包括其族源、生計變遷等。一是要以歷史的演變和發展為線索，順藤摸瓜，才能找到生計變遷、文化傳播的客觀性；二是不僅要根據民族遷徙、文化調試的歷史進行研究，還要適當地採用邏輯的方法，才能達到我們研究該區域內多元生計並存的目的。

第二節　碧羅雪山兩麓生計研究的簡要回顧

　　人類生產過程中的每種生計方式都有存在的必要性，任何一種社會實踐活動都有其合理性。但是，我們也注意到研究傾向不同，對生計的關注點就不同。有人把生計問題當作經濟問題進行研究，有人把生計的研究目光集中在人和環境的關係上。

　　前者研究生計主要分析經濟與文化之間的關係，從而逐漸發展成為經濟人類學這一人類學分支。研究者主要有馬林諾夫斯基和波蘭尼等人。馬林諾夫斯基通過對新幾內亞東邊特羅布裏恩列島庫拉圈交易進行長達兩年的研究，揭示了項鍊和臂鐲在庫拉圈背後的經濟交換中承擔的功能。這裏所有的文化項目正式借助庫拉圈達到彼此互相整合，以達到社會穩定。馬氏通過物在經濟交換、文化整合中的作用，描述了當地族群的一種生計方式，同時表明經濟活動在文化中發揮了作用，認為人類的經濟活動必須在非經濟的社會文化中去闡釋，提出了西方資本主義經濟學的理論範式是否適合於非西方社會的經濟現象

---

17 同上。

的問題。此後，波蘭尼與其學生合編的《早期帝國的貿易和市場》一書的問世，提出了三種交換體系：互惠、交易和再分配[18]；並使用了「嵌入」一詞來表明經濟是處在一種關係網絡中，且從屬於制度、宗教和社會關係，表明了不同的社會類型中將會產生不同的經濟類型。因此，生計既是經濟的問題也是文化研究的問題。

黃應貴在〈物的認識與創興：以東埔社布農人的新作物為例〉[19]一文中分析了東埔社布農人從日本殖民時期刀耕火種的生計狀態發展到後來的水稻耕作和茶藝等經濟作物的種植這一過程，並討論當地人如何理解人觀、土地或空間、工作、認識等基本概念，以及這一經濟變化過程中的生產、分配與交易等活動，對新的事物進行理解而創新的過程。這是從物的角度分析生計的一個實例，也是研究生計地方性知識的一個案例。

另一種研究傾向是關注生計與環境的關係，即傳統意義上的生計研究，始終把生計方式當作人類直接從自然環境中獲取資料的一種手段，而忽視兩者之間的雙向聯繫。20 世紀以來，西方風靡一時的環境決定論正式將生計與特定環境和文化捆綁起來，認為物質環境是人類社會發展的動力，人總是逃脫不了所處環境的制約。20 世紀 20 年代以後，為了克服環境決定論的缺陷，以克魯伯、威斯樂、博厄斯為代表的一批人類學家提出了環境可能論，把物質環境看做提供人類活動的一個場所，而絕不是文化特徵的起源。人們逐漸認識到：「一個民族的生計方式是改造和利用其所處生態系統的產物。在這一過程中，人類的生計方式都離不開對所處生態系統的依賴，只能在生態系

---

18 參見黃應貴：《反景入深林：人類學的觀照、理論與實踐》（北京市：商務印書館，2010年），頁202。

19 參見黃應貴主編：《物與物質文化》（臺北市：中央研究院民族學研究所，2004年），頁379。

統中尋找自己的著生點，選出自己加工利用的對象，規避對自己不利的因素，以獲得經濟活動的成功。也就是說，生態系統對人類經濟活動的影響是全方位的，但卻是無意識的；而人類的經濟活動則是在強大的自然環境面前，能動地發現其可以利用的空隙和機會，去實現自己的目標。」[20]也就是說，人類和自然界之間是交換和互動的過程。「從某種意義上說，一個民族的生計方式的形成就是針對其所處的生態系統長期磨合的結果。也就是說，各民族生計方式在對其所處生態系統的改造、利用過程中形成了自己對資源獲取和利用的方法，但這一系列方法要持續發揮作用，就一定要將這些方法納入該民族的文化之中，成為該民族文化的一個有機部分，與該民族文化的其它部分形成一個社會事實，這一過程體現出該民族生計方式對所處生態系統的適應過程。」[21]因此，人類的每一種生計方式都是在不斷調和人與環境之間的關係，並且在無形中成為文化的有機組成部分；生計方式不是單純獲取資料的過程，而是人、自然、社會三方互動的過程。

從國內有關生計的研究情況來看，費孝通在《江村經濟》[22]一書中，雖然沒有採用「生計」這一概念來描述開弦弓村村民的生產和生活，但其內容涉及了生計本身的內涵，從「第七章生活」開始一直到「最後一章資金」無不包含著關於生計的各個方面；其中的「職業分化」、「農業」、「蠶絲業」、「養羊和販賣」和「貿易」等章節更是對開弦弓村村民如何充分利用現有的資源維持生計以及對影響生計的因素等方面進行了深入剖析。在費孝通和張之義所著的《雲南三村》中，他們利用兩章的內容來談生計，儘管沒有對生計做明確的界定，但是

---

20 羅康智、羅康隆著：《傳統文化中的生計策略——以侗族為例案》（北京市：民族出版社，2009年），頁1。

21 同上。

22 費孝通：《江村經濟》（上海市：上海人民出版社，2006年）。

內容折射出了費孝通一直關注農民自身的生活方式和生存技能。可以說，這兩本書有異曲同工之妙。雖然《雲南三村》所研究的是離雲南省會（昆明）僅 40 多公里的漢族地區的農民經濟生活，但是這對我們研究少數民族的生計方式有一定的借鑒意義，從某種意義上講它是研究靠近城市的中國農民的生計方式的經典案例。

20 世紀 50 年代，林耀華和蘇聯學者列文·切博克薩羅夫為了對世界民族進行語言譜系以外的分類而提出一個分類體系概念，這就是經濟文化類型理論。這一理論在中國取得的學術成果，是由林耀華和切博克薩羅夫兩位教授於 1958 年 8 月聯手完成的〈中國經濟文化類型〉一文。這篇長達 3 萬字的論文直到 1985 年才在國內公開用中文發表，此時的切博克薩羅夫教授已溘然長逝，林耀華也已年過七旬。因國際政治風雲變幻和中蘇交流中斷，這一具有很大學術和應用潛力的理論成果被束之高閣 20 餘年，未能得到深入推廣。[23]〈中國經濟文化類型〉一文認為，我國少數民族的經濟文化類型及分佈情況大體為：第一種類型組是採集、漁獵型，第二種類型組是畜牧型，第三種類型組是農耕型。[24]文章還把每一種類型所涉及的地域及民族進行了劃分，這無疑對我們理解我國各民族在不同的地理環境和社會運行體制下所形成的生計方式是有啟發的。這一方面讓我們深刻地認識到不同民族、不同地域的人們所經歷的生計方式的不同，另一方面說明生計方式在一定的程度上與民族所處的自然環境和在自然環境基礎上所形成的社會環境存在千絲萬縷的關係，這也體現了生計方式的區域性。

國內對生計模式的研究著作中，《圍屋裏的宗族社會——廣東客

---

23 參見張繼焦：〈經濟文化類型：從「原生態型」到「市場型」〉，《思想戰線》2010年第1期。

24 參見林耀華著：《民族學研究》（北京市：中國社會科學出版社，1985年），頁104-142。

家族群生計模式研究》一書可謂登上了新的臺階。作者通過比較，研究了 4 個田野點不同生態環境下的村落，從而達到了對廣東客家族群生計模式的全面認識；揭示了在不同的地理條件下，客家人是如何通過不斷與自然互動、自我調試，最終達到適應的。在大量的資料收集和長期的田野調查基礎上，該書作者何國強認為「廣東客家是一個非常能夠適應環境的民系，這種適應性最根本的內容就是他們發明和利用了許多有效的謀生方式從而使自己存活下來」；接著指出「廣東客家農民參與兩個不同的系統，首先他們與所在區域內的生物群（包括人）構成一個生態系統；其次他們與所在區域外的地方群體交換婦女和活動，群體之間爭取重新分配土地、人群重新分佈，於是他們參與了一個地區系統」。[25]儘管上述所研究的是廣東客家地區的生計方式，但這對於研究滇西北多民族共居、多元生計方式並存的區域有啟發意義。

雲南自古遠離中原，在中國西南這塊 39.6 萬平方公里的土地上，生活著 26 個民族，要討論民族的生計問題這裏當屬最豐富的地方。多個少數民族共同居住在同一地域上，你中有我，我中有你；但是，這並不代表完全的融合，在互動的過程中，他們依然保持自己民族的邊界。20 世紀 50 年代以來，人們開始對各地各民族的生活有了極大的關注。在這一階段裏，很多民族──包括來自羌系的 11 個民族（其中包括本書研究的怒族、獨龍族、濮系的 3 個民族，越系的 3 個民族和苗瑤族）──都經歷了刀耕火種的階段。[26]值得一提的是，尹紹亭所著的《人與森林──生態人類學視野中的刀耕火種》一書，在大量的田野調查和資料收集的基礎上，認為「刀耕火種」不是所謂

25 同上。

26 參見尹紹亭：《人與森林──生態人類學視野中的刀耕火種》（昆明市：雲南教育出版社，2000年），頁47-48。

破壞生態的罪魁禍首，而是人類認識自然界、與生存環境相適應的一種生計方式；認為研究一個民族刀耕火種的生產情況，不能離開其文化和社會背景，更不能有先入為主之見；並指出雲南刀耕火種的現象多在滇西北與緬甸接壤地帶，涉及傈僳族、怒族、獨龍族等散居在怒江峽谷兩岸高山地帶的民族。[27]但是，尹氏為我們展示的僅僅是較落後地區少數民族多種生計方式中的一種，其實除了刀耕火種之外，滇西北的多民族地區還有多種生計方式存在。

有關生計方面的研究還需提及與本書研究旨趣相同、研究區域相近的英國人類學家克里斯托夫・馮・菲尤勒—海門道夫（Christoph von Fure-Haimendorf, 1909-1995 年）。他所關注的是印度原始部落及靠近中印交界的喜馬拉雅山區一帶傳統民族的生計、社會組織、信仰等，並始終抱有關注部落文化和當地人民生活的理念，著重關注部落人民的生存。事實上，「中印兩國是鄰邦，有許多事情可以相提並論……1950 年前後，兩國均面臨境內民族發展的問題」[28]。因此，他的著作是研究滇西北少數民族地區生計的一面鏡子。除此之外，作為一名人類學家，他不顧個人安危深入原始部落進行長期研究（先後長達 10 年）。一方面，這體現了他個人追求學術造詣不斷挑戰自己的精神；另一方面，這是不斷追求部落福祉、反思人類學家在田野調查中遇到的種種尷尬局面的努力。他在深入喜馬拉雅山山區部落社會調查後寫就兩部著作[29]，更加說明我們認識中印交界地帶的民族及其生

---

27 參見尹紹亭：《人與森林——生態人類學視野中的刀耕火種》（昆明市：雲南教育出版社，2000年），頁10-11。

28 〔英〕克里斯托夫・馮・菲尤勒-海門道夫著，何國強譯：《在印度部落中生活——一位人類學家的自傳》（香港：國際炎黃文化出版社，2009年），頁9。

29 參見〔英〕克里斯托夫・馮・菲尤勒-海門道夫：《阿帕塔尼人和他們的鄰族：喜馬拉雅山東部的一個原始社會》（勞特萊吉和保羅・開嘎出版公司，1962年）；《喜馬拉雅山區的貿易者：尼泊爾高地的生活》（聖馬丁出版社，1975年。）

計。今天，碧羅雪山兩麓的人們已不再是傳統封閉的民族，其生計方式也不再是單純的採集狩獵。但是，對其生計的研究，無疑是人們認識民族的一種手段。

　　整體來看，有關碧羅雪山兩麓的生計模式缺乏系統性研究的作品。最早記錄怒江兩岸各民族的生活情況當屬明朝初年錢古訓所著的《百夷傳》。書中載有：「怒人，頗類阿昌。蒲人（崩龍、布朗）、阿昌、哈詞、哈杜、怒人皆居山巔，種苦蕎為食物，餘（『百夷』等）則居平地或水邊，言語皆不相同。」[30]之後便是光緒三十四年（1908 年）夏瑚的《怒俅邊隘詳情》以及 1913 年方國瑜的《滇緬邊界的菖蒲桶》、《新纂上帕沿邊志》和《菖蒲桶志》等地方資料，簡單介紹了清代以來，生活在怒江兩岸怒族、獨龍族、傈僳族等民族過著原始的採集狩獵生活，農業不發展，農耕技術落後，僅靠刀耕火種進行簡單的種植。到 20 世紀 80 年代初，出版了基於五六十年代調查的成果，如《獨龍族社會歷史調查》（一、二）[31]、《怒族社會歷史調查》（一）[32]、《傈僳族社會歷史調查》[33]等民族調查資料，對該地區民族的生活狀況進行了描述。由於特定的歷史條件和出於當時的調查任務，這些資料都未能系統闡述當地的生計情況，但是所收集到的材料成為現在研究這一帶民族狀況的重要參考資料。1979 年進入貢山進

---

30 〔明〕錢古訓著，江應梁校注：《百夷傳校注》（昆明市：雲南人民出版社，1980年），頁152；尤中：《中國西南的古代民族》（昆明市：雲南人民出版社1980年），頁376。

31 《民族問題五種叢書》雲南省編輯委員會編：《獨龍族社會歷史調查》（一）（昆明市：雲南民族出版社，1981年）；雲南省編輯組編：《獨龍族社會歷史調查》（二）（昆明市：雲南民族出版社，1985年）。

32 《民族問題五種叢書》雲南省編輯委員會編：《怒族社會歷史調查》（一）（昆明市：雲南人民出版社，1981年）。

33 《民族問題五種叢書》雲南省編輯委員會編：《傈僳族社會歷史調查》（昆明市：雲南人民出版社，1981年）。

一步做民族歷史文化調查的宋恩常，1982 年進入獨龍江調查的蔡家麒、楊毓驤，都在原有的資料上進行了補充和修整。21 世紀初，來自不同專業領域的學者和學生先後進入怒江等地關注該地區內不同民族的歷史、經濟、文化，但也未能改變關注生計系統性不足的局面。

有關東麓的生計研究，總體來看並不樂觀。20 世紀八九十年代對迪慶州藏族的研究，多涉及歷史方面，包括對《格薩爾王》民間藏族小說的翻譯、王恆傑的《迪慶藏族社會史》[34]。後者是唯一一部研究雲南迪慶藏族社會史的學術專著，從歷史的角度出發，結合調查資料展現了從新石器時代開始到 20 世紀末的迪慶社會歷史狀況，涉及政治、經濟、文化三大方面，包含政權交替、民族貿易、宗教衝突和融合、地方制度等內容。

21 世紀初，人類學、民族學愛好者紛紛踏上揭開迪慶高原藏族文化之路，其中包括雲南大學的兩篇博士學位論文即郭淨的《卡瓦柏格瀾滄江峽谷的藏族》[35]和西繞雲貞的《邁向繁榮——迪慶藏族百年社會發展簡論》[36]。前者主要基於藏族空間文化的演變，對德欽藏族宗教信仰進程中所形成的認識觀念進行了論述，展現了藏族在漫長的歷史進程中形成的空間文化，談論在人與自然的互動關係中人們如何利用自然資源維護傳統文化；後者通過社會歷史研究，討論 20 世紀以來 100 年裏迪慶藏族如何演化和變遷。此外，在這一時期，雲南大學組織了調查組，對中甸尼西鄉形朵村進行了為期 1 個月左右的調

---

34 王恆傑著：《迪慶藏族社會史》（北京市：中國藏學出版社，1995年）。

35 郭淨：《卡瓦柏格瀾滄江峽谷的藏族》（昆明市：雲南大學人文學院民族史專業博士學位論文，2001年）。

36 西繞雲貞：《邁向繁榮——迪慶藏族百年社會發展簡論》（昆明市：雲南大學人文學院民族史專業博士學位論文，2003年）。

查，並出版《雲南民族村寨調查：藏族——中甸尼西鄉形朵村》[37]一書。該書包羅萬象，自然、歷史、教育、宗教、經濟、人口、民族、社會組織等方面無不涉及，展示了中甸的一個村寨的歷史文化。

2006 年，出生在迪慶高原的章忠雲，以自己的經歷和感受，在調查的基礎上完成了《藏族志：聆聽鄉音——雲南藏族的生活和文化》[38]。該書介紹德欽境內幾個村落的農業、畜牧、信仰等方面，展示藏族人的生產活動、傳統節日、日常生活等，從而呈現了新中國成立以來迪慶藏族人們的生活及其變遷；其中部分內容描述了當地人的生計情況。

綜上所述，我國對碧羅雪山兩麓多元生計研究還存在不足，有待更細緻地闡述不同生計在文化中的地位和作用。通過對生計模式的研究，人們可以從微觀的視角觀察一個民族在自然資源、社會條件有限的情況下如何維持自我生存和繁衍。

第三節　研究碧羅雪山兩麓生計模式的意義

文化是人類學研究的重要概念，儘管對文化概念的認識各有千秋，但這並不影響民族生計長期以來在文化中的地位。即便是低等動物，在與自然環境鬥爭和競食的生存過程中也會形成一套適合於自身的捕獵方式。當然，不能把作為高等動物的人類的生計方式和低等動物的生存方式相提並論，但這對理解人類的生物性是有幫助的。正如馬克思所言：「人體解剖對於猴體解剖是一把鑰匙，低等動物身上表

---

37 高發元主編：《雲南民族村寨調查：藏族——中甸尼西鄉形朵村》（昆明市：雲南大學出版社2001年）。

38 章忠雲：《藏族志：聆聽鄉音——雲南藏族的生活和文化》（昆明市：雲南大學出版社，2006年）。

露的高等動物的徵兆，反而只有在高等動物本身已被認識以後才能理解。」[39]

人類作為生物性個體以群居的方式存在，必將滿足自身兩個方面的生產：

一是物質資料的生產。這是人類發展到一定階段後才能進行的活動。在低級階段的時候，人類只能直接地從自然界中獲取生存資料；隨著人類學會培育種子、馴養動物，並逐漸走向物質資料的生產，人類才真正獲得生存的基礎。

二是人類為了延續種族所進行的人口再生產。人類文化得以繼承和發展，離不開人口再生產，人類的繁衍是人類社會不斷延伸的基礎；人是文化的載體，一個民族的文化傳統更要依託該民族的後繼之人去傳承，這是生物性自我延續的功能。不僅兩種方式的生產都離不開人類本能的生存欲望，而且兩種生產相互依託。顯然，在此條件下，展現一個民族、一個區域內族群的生計方式有其特殊的意義。生計是文化系統中的一個子系統，對理解滇西北少數民族自身的文化有著重要的現實意義，何況「社會的變化遠要比自然界的變化迅速」[40]。對我們而言，「人類學家能夠在思考世界的變化方面受益良多，某種意義上是因為我們這個學科似乎特別有助於理解和解釋那些微觀的、日常化的、熟悉的以及通常是具體的事物：通過發掘那些生活中平凡事物在宏大歷史中的位置，賦予了這些事物以格外的意味，同時也可以使宏大歷史本身得到更好的理解」[41]。

---

39 《馬克思恩格斯全集》（第12卷）（北京市：人民出版社，1995年），頁756。

40 何國強：《圍屋裏的宗族社會──廣東客家族群生計模式研究・前言》（南寧市：廣西民族出版社，2002年），頁5。

41 〔美〕西敏司著，王超、朱建剛譯：《甜與權力──糖在近代歷史上的地位・中文版序言》（北京市：商務印書館，2010年），頁3。

於是，筆者認為研究碧羅雪山兩麓人民的生計模式有兩個方面的意義：

第一，瞭解和認識三江並流地區的瀾滄江和怒江兩峽谷之間多民族、多元文化、多元生計方式並存的方式和原因。總體說來，所研究的區域從北往南，藏族人口所佔比例越來越少，其它少數民族逐漸增多，民族間多元文化的融合更加凸顯；從民族的信仰來看，也從主體信仰藏傳佛教逐漸轉變為多元信仰（即天主教、藏傳佛教、東巴教三教）並存，涉及藏族、怒族、獨龍族、納西族、傈僳族、普米族、白族等少數民族。如果繼續往南，則民族構成上漢族逐漸增多，交通、經濟、市場更發達。

歷史上的這個區域（迪慶州、大理州劍川縣、怒江州蘭坪縣）是漢族和少數民族衝突與融合的緩衝帶。該區域在長期的歷史條件下形成了多元文化並存的格局，生動展現了地方民族文化；當然，民族間的互動和衝突也是最為明顯的。自唐代開始，這裏便是南詔國和吐蕃、唐王朝三者在軍事上的必爭之地；明代萬曆年間，木氏土司為了鞏固地方權力、擴大勢力範圍大舉北進，攻下了維西到德欽的大部分地區，直逼西藏鹽井鄉，佔領鹽井後則利用納西族的製鹽技術在瀾滄江邊開辦了鹽田。這種傳統手工製鹽的方法一直延續到現在，成為當地一大文化特色，成為研究藏族聚居區鹽業和地方社會的「活化石」。清代金飛所記的「鹽民攤曬鹽之法，構木為架，平面以柴花密鋪如臺，上塗以泥，中間微凹，注水寸許，全仗風日。山勢甚削，其寬窄長短，依山高下為之，重疊而上，櫛比鱗次，彷彿町畦，呼為鹽廂，又名鹽田」[42]，正是描寫了鹽井傳統製鹽的壯觀景象。

歷史上民族間的衝突和遷徙，勢必帶來文化的變遷。鹽井一帶在

---

42 金飛：〈鹽井縣考〉，《邊政》1931年第8期。

歷史上不僅是軍事的必爭要地，而且在宗教信仰上曾經有過藏傳佛教和天主教之間的衝突，「維西事件」和「臘翁寺事件」甚至付出了流血的慘重代價。清代同治元年至同治三年（1862-1864 年），法國天主教傳教士顧德爾在德欽縣燕門鄉茨姑村修建了茨姑天主教堂；又於同治十一年（1872 年）在德欽昇平鎮建立了阿墩子天主教堂。於光緒十八年（1892 年）阿墩子教案中，阿墩子教堂被察瓦龍僧眾與當地僧侶一道搗毀，光緒二十年（1894 年），清政府修復；光緒三十一年（1905年），維西教案再次爆發，又被毀壞了。宣統二年（1910 年），天主教會法國傳教士彭茂美與德欽寺管事格規別、格蘭香等協商立約，購買土地，重建阿墩子教堂；民國二十七年（1938 年）德欽地方叛亂，教堂再次被毀。在整個藏族聚居區天主教堂僅有 20 餘座，而雲南迪慶州境內就有 6 座，西藏鹽井鄉上鹽井村教堂是西藏境內唯一的一座天主教堂。天主教和佛教的不斷衝突，從鬥爭的出發點來看，不僅是宗教之間為了勢力擴張而大動干戈，也是藏族同胞針對西方殖民主義入侵的反抗；這種衝突最後導致藏傳佛教和天主教在同一地區並存。

由此可見，多元文化碰撞的結果便是多元文化的並存，多元文化的並存往往帶來不可預知的多元生計方式的存在。在這片區域內，依照物質資料的獲取方式就有傳統採集漁獵、畜牧、農耕、鹽業生產、葡萄種植等，而且每一種生計方式無不與自身歷史或民族習俗有著千絲萬縷的關係。因此，深入瞭解和探究各民族的文化變遷和生計方式是有價值的，也是必要的。

第二，客觀記錄和描述當地文化實為緊迫。如果「從文化地理學的角度分析，研究區是川、滇、藏三種地域文化的交匯地帶，也是高原藏族與漢、納西、傈僳、彝等民族交融並存的文化融合帶，植根於民族土壤中的傳統文化呈現出鮮明的地域性、複雜性和差異性特徵。同時，由於地處邊疆，工業化程度低，現代文明對當地傳統文化的影

響較小，因而使滇、藏、川交接地帶保留了較為完整的原生文化形態」[43]。同樣，按照斯圖爾德的觀點，人類技術的發展帶來的是從自然界獲取能量的效能提高；反之，獲取能量的效率提高能促進技術的革新。從人類誕生的那天開始，人類社會在不斷地向前發展，人類對人與環境關係的研究也從單純的環境決定論發展到環境可能論。隨著人類社會的發展，民族間的互動變得越來越頻繁，跨民族、跨地區的聯繫越來越緊密；同時，全球化、信息化、工業化也在侵蝕著某種文化的單純性，因此記錄當地傳統生計模式顯得尤為迫切。

第四節　一次翻越碧羅雪山的經歷

　　筆者兩人於 2012 年 8 月上旬徒步來到貢山縣捧當鄉迪麻洛村，我們的目標是找到一位自稱「阿洛」的藏族男子，他在迪麻洛村開有「阿洛生態旅遊」客棧，專門為那些想通過徒步翻越碧羅雪山的遊客提供嚮導和諮詢。經兩個半半小時的徒步，我們終於從捧當鄉政府駐地走到了迪麻洛村，進村後一邊問當地的藏族群眾，一邊尋找「阿洛生態旅遊」的牌子。終於在熱心的藏族群眾幫助下找到了阿洛家。遺憾的是阿洛不在家。他已經帶領七八人的外國遊客小隊翻越了碧羅雪山，當時已經抵達東麓瀾滄江邊上的茨中村。

　　7 月的怒江兩岸陰雨綿綿。我們原本打算到迪麻洛只休息一個晚上，第二天即使找不到合適的嚮導，也將冒險徒步翻越雪山。想不到，當晚雨下個不停，第二天白天雨下得更大。我們只好又停留了一天，通過電話和阿洛聯繫，讓其介紹嚮導。但雙方在嚮導費上產生分歧，考慮到此行開支較大，於是我們再三要求降低嚮導費，可是對方

---

43 吳映梅、周智生：〈滇藏川交接地帶經濟成長的人文環境及其特徵分析〉，《西南民族大學學報》（人文社科版）2007年第2期。

不答應，後來我們考慮到繼續耽擱此地，每天的住宿和生活費也是一大筆開支，只得同意。出發當天的早上依然細雨濛濛，7:00 起床，7:30 吃過主人準備的早點（粑粑和酥油茶），8:15 便開始上路。當時身上所負包括衣服、田野裝備等有 30 餘斤。我從小在農村長大，每次回家都要從瀾滄江邊往上爬十幾公里的山路，認為翻山不過是件簡單的事情，因此剛開始的時候勁頭十足，第一階段從阿洛家到白漢洛教堂用了一個半小時。儘管嚮導年齡在 22 歲左右，但看得出來在其姐夫的指導下，已經帶遊客翻過很多次山了。當他告訴我們按照這樣的速度兩三點鐘就可以翻越第一個山頂時，感覺很興奮。想不到之後徒步速度越來越慢，由於缺氧，越接近海拔 3,000 公尺，呼吸越困難，接近埡口（海拔 3,600 公尺）的最後三四百公尺時，我基本每走十幾公尺就需要休息兩三分鐘才能繼續行走；差不多到山頂的時候，有一種快氣絕身亡的感覺，每走一步都是對自己體力極大的挑戰，每走出一步都是一種自我的戰勝。

下午 5:30，我們終於到達了第一個山峰制高點，我立即看了海拔表，記下山頂的海拔是 3,720 公尺。剛剛停留了幾分鐘，突然下起了大雨，我們只得冒雨繼續前進，只是這一次是走下坡路。路不算窄，能供駄運的騾馬經過，但還是發生了驚險的一幕。亞鋒兄在往山谷行進的過程中，不小心踩到路邊因下雨鬆動的石頭，結果栽了一個大跟斗。他和身上的背包，在慣性作用下立即滾向山谷，等走在他前後的我和嚮導反應過來時，他已經滾下離山路有兩公尺多的地方；所幸有一山竹擋住了他，否則後果不堪設想，因為再往前一公尺就是深不見底的懸崖。我和嚮導拉起他後，我的心跳才開始減速，倒吸了一口氣，幸好他只是受了點皮外傷，可惜他掛在腰間的數碼相機已經墜落懸崖，一路所拍攝的重要照片就這樣「葬身懸崖」了，不免有些遺憾。

讓人難以忘記的是，經過三天兩夜終於翻越了碧羅雪山，看到滾滾的瀾滄江流淌在茨中村下面時，我們心裏極度興奮。第一件事情便是給家人、朋友、老師報平安，三天以來一直在雪山上沒有任何手機信號，突然和外界斷絕了聯繫，覺得自己在萬物之間極為渺小。

翻越雪山自然覺得是一場大的經歷。歸來後，心中不免一直在思考，當時生活在兩麓的人民，是如何翻越雪山的。即便是輕裝上陣，對常人來說也不是件輕鬆的事情，何況身上負重，需要翻越高海拔的雪山實為艱難。可是，現代交通發達，已經不再像愚公移山那麼緩慢，架高橋、鑿隧道已經不再是新鮮事。德欽到貢山縣的二級公路已經開始動工，預計不到兩年的時間，現在需要幾天時間才能翻越的茫茫雪山，將來只需四五個小時就能通過。公路通了，信息暢通了，物質交換方便了，德欽和貢山兩地各民族之間的「距離」近了，那時新的文化元素將應運而生。

第一章
碧羅雪山兩麓地理環境及歷史

　　一個民族所處的生態環境無形中影響著該民族的生計方式，並始終伴隨著這個民族的形成和發展。可以說，直到現在，人類的生存仍未能脫離所處的自然生態環境。於是就生態系統而言，它是提供民族成員生存的載體，任何一個民族都必須以此為基礎去構建其生計方式，再憑藉所構建起來的生計方式獲取該民族成員的生存物質資料。[1]也可以說，人類直到現在還未能證明不同生計的形成或一定文化的呈現與地理環境沒有關係。在研究一個民族或族群的生計時，人們傾向於相信不同生計的形成受自然資源的制約，人類在長期發展過程中很難改變所處的生存條件。

　　雖然人類在局部領域已通過技術手段改變生物體的生存條件，如通過化肥改良土壤肥力、通過大棚種植提供植物生長適宜的氣溫條件，隨著這些技術的改進，人類在很大程度上克服先前地理因素帶來的制約和限制，但是物質交換的直接來源仍然是整個人類生存的生態環境。誠然，不是人類所生存的自然環境都是一樣的，山川、湖泊、海洋、高原、雪山、河谷等都是影響人們生產生活常見的環境因素。人類賴以生存的這些條件一旦存在差異，將會帶來文化和生計上的差異。除此之外，人們還必須認識到人類所生存的空間處在一個大的系統中，一個地方的氣候甚至會為千里之外的某股海洋氣流所影響。因

1　參見羅康智、羅康隆：《傳統文化中的生計策略——以侗族為例案》（北京市：民族出版社，2009年），頁1。

此，對研究對象所處的地理環境的描述是為了更好地理解該系統內人與自然的關係。此外，人的社會屬性是人從單個個體發展為一個群體逐漸形成的，也是人與自然和社會的二元關係發展的必然結果，並且這種社會屬性一旦形成，就成為影響人類的關鍵因素。因此，本章將從民族生存環境和民族歷史進行分析。

第一節　自然氣候

文化根源於自然，要徹底認識文化，只有連絡人類自身所處的自然環境，這是一個事實。隨著對環境和人類關係的不斷研究，人們已經逐漸從「環境決定論」走向「環境可能論」；人類不再是消極面對自然界，而是積極改造環境。任何民族，不管是野蠻的還是文明的，都曾在改造環境上有過功勞。[2]於是，人類從受自然因素限制的狀態逐漸轉向適應、改造和調試的狀態。因此，瞭解研究對象所處的自然環境是有必要的。

按照地質學和古地理學的研究，現今的青藏高原在遠古的時候是一片汪洋大海。為何變成如今的陸地和高原？板塊學說解釋為青藏高原是由於印度洋板塊向北漂移與歐亞大陸板塊碰撞而形成的；而喜馬拉雅山脈是印度洋板塊和歐亞大陸板塊最後碰撞的交接地帶，在其地殼運動中，不但形成了喜馬拉雅山脈，而且導致了青藏高原的強烈隆起。因此，按照地質年齡來算，青藏高原是最年輕且最高的高原。[3]

碧羅雪山正屬於青藏高原南延部分，是喜馬拉雅山的餘脈；碧羅雪山兩麓區域位於藏東滇西北的交接地帶，是橫斷山區的重要組成部

2　參見〔英〕雷蒙德‧弗斯著，費孝通譯：《人文類型》（北京市：華夏出版社，2002年），頁33。

3　參見戴加洗：《青藏高原氣候》（北京市：氣象出版社，1990年），頁1。

分。横斷山區位於青藏高原東南部，廣義上為川、滇兩省西部和西藏東部南北向山脈的總稱，介於北緯 22°-32°05'、東經 97°-103°之間；東起四川盆地西側的邛崍山脈，西至雲南西緣的高黎貢山，北段插入川西高原，南段伸至雲南哀牢山以西。自東北往西南主要的山脈有邛崍山、大雪山、沙魯裏山、雲嶺、碧羅雪山、高黎貢山，河流有大渡河、雅礱江、金沙江、瀾滄江、怒江。山勢由北向南降低，北段、中段嶺脊海拔多為 3,500 至 5,000 公尺，谷地向南加深，相對高差一般 1,000 至 2,500 公尺，南段山嶺在滇西南呈扇形展開，形成中山寬谷和盆地地貌，面積達 60 餘萬平方公里。[4]

對横斷山脈的認識，任乃強曾提到「横斷山脈這個名稱，是清光緒年間，江西貢生黃懋材，受四川總督丁葆楨派遣，從雲南入印度去考查『黑水』源流時，見雲南高原與緬甸間高山深谷，横阻去路，因而取了這個名稱。他所指的，是瀾滄江以東的雲嶺山脈（其北段為寧靜山脈），瀾滄江與怒江之間的怒山（今為碧羅雪山）山脈（其北段為他念他翁山脈），怒江與伊洛瓦底江之間的高黎貢山脈（其北段為伯舒拉嶺）」[5]。顯然，多山多河是横斷山脈的一大特點。其中，怒江是西藏境內的第二大河流，發源於藏北唐古喇山吉熱格帕峰南麓。其上游稱那曲，在那曲地區索縣與索曲匯合後稱為怒江，流經西藏後於貢山縣青拉桶流入怒江州高黎貢山與碧羅雪山之間，縱貫貢山、福貢、瀘水三縣，於瀘水縣彎雲進入保山地區。其河流總長 1,393 公里，流域面積達 102,500 平方公里；怒江州境內流程 316 公里，流域面積 7,906 平方公里，占全州面積的 55.20%；年平均流量為每秒 1,664 立方公尺，河床比降大，水流湍急，多險灘，河床北高南低，海拔為 1,400 至 720 公尺，江面寬 100 公尺左右，谷底與山脊高差一

4　參見徐裕華：《西南氣候》（北京市：氣象出版社，1991年），頁3。

5　〔清〕任乃強：《羌族源流探索》（重慶市：重慶出版社，1984年），頁12。

般在 3,000 公尺以上，支流短小，呈羽狀排列，支流 141 條。[6]

怒江峽谷在怒江州境內主要是藏族、怒族、獨龍族、傈僳族等民族的聚居區，怒江的水文氣候對當地少數民族的生產生活有極其重要的影響。「怒江地處青藏高原東南部橫斷山脈谷地，屬低緯地區。由於這裏是青藏高原的南下冷空氣與北上的孟加拉灣暖濕氣流交匯區，加之這裏的相對溫差太大，形成集北熱帶全寒帶的多種氣候類型於一谷，『一山有四季，十里不同天』的典型的立體氣候類型。」[7]多數怒族、獨龍族都居住在怒江兩岸山腰的坡地上，海拔在 1,500 至 3,000 公尺之間，土地貧瘠，氣溫相對較低，僅能種植玉米、小麥、馬鈴薯、青稞等作物。當然，在低海拔的怒江兩岸的臺地上，也有少量地區可種植水稻，但是所佔比例不大。

《菖蒲桶志》中描述道：「怒山即碧羅雪山，發脈於崑崙山，連前藏唐古喇山，經川邊西康，蜿蜒而下，直入菖境，盤亙怒江東西，入上帕屬；高度由怒江邊起九千五百餘尺，山西為菖蒲區域，約長四百四十里，山多林木。其巔冬春積雪甚多，懸崖峭壁崢嶸屹立，夏秋之交，雪水暴漲，盡由山頂飛流而下，直入怒江，每屆冬春大雪封山，必待次年五月，雪始融化，方能翻越。」[8]這是清末民初時記錄的碧羅雪山和怒江一帶的基本情形，由於長期以來很難和外界取得聯繫，總體來看比較封閉；唯有 5 月之後冰雪融化，當地人才能翻山越嶺，與江外的其它民族有所接觸。由此來看，生活在這一帶的民族的生存條件相對來說比較惡劣。

6　參見郝性中、楊子生、徐雄等編著：《怒江州土地資源》（昆明市：雲南科技出版社，1997年）頁8。

7　陶天麟：《怒族文化史》（雲南民族出版社，1997年），頁18-19。

8　轉引自李道生主編：《怒江文史資料選輯》（第十八輯），政協雲南省貢山獨龍族怒族自治縣委員會、政協雲南省怒江傈僳族自治州委員會文史資料研究委員會1991年刊印，頁15。

瀾滄江是中國西南地區的大河之一，下游出境後稱為湄公河。其源頭正源叫紮曲，發源於青海省唐古喇山東麓的加裏苟孔桑公瑪峰，在西藏流經昌都、察雅、左貢、芒康，從鹽井入滇，經迪慶州由維西縣維登流入怒江州蘭坪縣，流經碧羅雪山和雲嶺之間，於兔峨進入大理州雲龍縣。其中，雲南省境內河段長 1,227 公里，區間流域面積 9.02 萬平方公里，落差 1,780 公尺；怒江州境內流程 130 公里，流域面積 0.431 萬平方公里，占全州總面積的 30.1%。平均流量為每秒 943.7 立方公尺，江面寬 80 至 120 公尺，谷底與兩山高差 2,000 至 3,000 公尺，河床北高南低，海拔 1,557 至 1,373 公尺；支流呈羽狀排列，支流 36 條，其中較大的支流有 7 條。[9]

瀾滄江中游的滇西北區，屬亞熱帶，多高山峽谷，海拔多在 3,000 公尺以上，高山超過 5,000 公尺，峰谷相對高差超過 1,000 公尺；氣溫由北向南遞增，垂直變化明顯，年平均氣溫為 12 至 15℃，最熱月份平均氣溫為 24 至 28℃，最冷月份平均氣溫為 5 至 10℃；年降水量 1,000 至 2,500 公釐，西多東少，山區河多谷少。

因該地區特殊的地理位置，氣候受東亞季風和印度季風的影響，同時又受來自青藏高原環流系統的影響，形成過渡地帶獨有的復合式氣候帶，氣候比較複雜。鹽井所在的昌都地區，由於地處中低緯度，又受南北走向的峽谷的地理因素影響，垂直分佈比較明顯,區域間的氣候差異也很大，造成該地區「日照充足，太陽輻射強;日溫差大，年溫差小；降雨集中，季節分佈不均，蒸發量大，相對濕度小」[10]。

總體來看，碧羅雪山兩麓區域空氣潔淨，光照時間長，太陽輻射

---

9 參見郝性中、楊子生、徐旌等編著：《怒江州土地資源》（昆明市：雲南科技出版社，1997年），頁9。

10 李光文、楊松、格勒主編：《西藏昌都：歷史·傳統·現代化》（重慶市：重慶出版社，2000年），頁3。

強。各地平均年日照數為 2,100 至 2,900 小時，昌都地區年日照時數
為 2,180 至 2,700 小時，怒江州年日照數為 1,322.7 至 2,204.8 小時。
從 3 個調查點來看，鹽井鄉年日照數為 2,690 小時，氣溫在 11.6 至
19.8℃ 之間，日溫差冬季為 14.2 至 20℃、夏季為 11.3 至 16.2℃，兩
者相差 2.9 至 3.8℃。降雨量集中，季節分佈不均，每年的 5 至 9 月
降雨最多，在 182.3 至 538.2 公釐之間，占全年降雨量的 77.9% 至
95.8%；10 月至次年 5 月降雨量較少，在 19.6 至 102.6 公釐之間，僅
占全年的 4.3%至 21.2%。[11]

茨中村正處碧羅雪山東麓，在瀾滄江邊的臺地上。海拔在 1,500
至 2,100 公尺的江邊一帶年平均溫度為 14 至 17℃，海拔在 2,100 至
3,000 公尺的山地年平均溫度為 8 至 14℃，海拔為 3,000 至 3,300 公尺
的高原壩區年平均溫度為 5 至 8℃，海拔為 4,000 公尺的高山帶平均
氣溫為 0℃，海拔在 5,000 公尺以上的雪山年平均氣溫為 -10-8℃。[12]

表 1-1 是調查期間所記錄的兩麓各地海拔和溫度情況，總體上來
看無論是怒江還是瀾滄江，7 至 8 月的峽谷地帶溫度都較高。兩岸的
臺地往往適合種植水稻、玉米、豆類，其中茨中村和丙中洛村都能種
植水稻，茨中村還種植葡萄。

---

11 同上，頁4。

12 參見高發元主編：《雲南民族村寨調查：藏族──中甸尼西鄉形朵村》（昆明市：雲
南大學出版社，2001年），頁10。

表 1-1 2012 年 7 月碧羅雪山兩麓各調查點溫度測量記錄據[13]

地點 項目	測量日期	海拔	溫度1/時間	溫度2/時間	溫度3/時間
德欽縣縣城	2012-07-09	3 100公尺	21.6℃/9:02	29.5℃/14:02	23℃/19:06
燕門鄉華豐坪	2012-07-11	1 850公尺	24℃/10:00	29℃/12:26	21℃/18:21
	2012-07-12		22℃/7:54	30℃/13:50	24℃/20:31
燕門鄉茨中村	2012-07-13	1 860公尺	23℃/8:40	27℃/14:21	22℃/17:06
鹽井鄉納西村	2012-07-15	2 410公尺	20.5℃/8:40	29℃/14:46	24℃/18:20
貢山丙中洛鄉	2012-07-25	1 730公尺	18℃/8:25	22℃/14:24	21℃/19:05

第二節　生物資源

一　植物

　　碧羅雪山兩麓區域受溫帶和亞熱帶季風氣候影響，形成如表 1-1
中所述不同溫度的垂直分佈帶。海拔為 1,500 至 2,100 公尺的瀾滄江
和怒江的兩岸臺地，平壩區土壤肥沃，灌溉條件好，水源充足，氣溫
高，作物成熟周期短，是經濟作物和糧食作物的生產區；大部分地區
能達到一年兩熟（主糧小春各一季），主要產水稻、玉米、小麥、豆
類、薯類。海拔為 2,100 至 2,500 公尺的山區，氣溫相對溫和，適合
種植玉米、小麥、青稞，可發展如核桃、板栗等果林的種植。海拔為
2,500 至 3,800 公尺的地帶，是高山針葉林的主要分佈地帶。隨著植
被種類增多，森林覆蓋面積越廣，生物資源越豐富；大多數牧場都分
佈在該海拔地帶，大量的珍稀動植物都分佈於此。

---

13 2012年7至8月田野記錄整理。

資料顯示，分佈在怒江碧羅雪山和高黎貢山上的植物「就有 200 個科，900 餘屬，3,000 多種。30 個種以上的有 32 個科，占雲南同類植物科數的 56.74%。列為國家重點保護的植物有禿杉、桫欏、珙桐、雲南鐵杉、紅豆杉、喬松、獨龍木蓮及多種名貴蘭花等 60 餘種」[14]。此外，用於觀賞的杜鵑花品種極為豐富，多達 122 種；各類蘭花 148 種。食用菌 20 餘種，包括人們最喜歡的松茸、羊肚子菌。野生藥材品種達 1,200 餘種，可開發品種有 400 個左右，分佈廣，儲量豐富，其中最為名貴的主要有貝母、知母、天麻、當歸、胡黃連、草黃連、竹茯苓、茯苓、三分三、黃樟油、黃精、岩白菜、中華血膽、青木香、細黃草、黨參、蟲草、珠子參等。

處在碧羅雪山西麓的貢山縣，由於橫斷山脈縱谷區北面為亞熱帶向青藏高原過渡地帶，又受印度洋暖濕氣流的影響，全縣雨量充沛、氣候溫和、植物種類繁多、資源豐富；不僅有豐富的喜馬拉雅山植物成分，而且還呈現出濃厚的亞熱帶山體常綠闊葉林、落葉闊葉林的色彩。根據中國植被區劃，貢山縣為中國植被劃分的第八區，屬青藏高原高寒植被區；植被分佈上既有熱帶、亞熱帶種類成分，也有溫帶、寒帶成分的植物，僅珍稀植物就有禿杉、黃杉、樹蕨（活化石）、喬松、垂枝香柏、雲南紅豆杉、大樹杜鵑、厚樸、紫檀、楠木、董棕、珙桐等 10 餘種。

整個貢山縣共計高等植物 1,000 餘種，藥用植物 100 餘種，杜鵑花種類 180 餘種，蘭草類 70 餘種。[15]除此之外，碧羅雪山還有豐富的

---

14 郝性中、楊子生、徐雄等編著：《怒江州土地資源》（昆明市：雲南科技出版社，1997 年），頁11。

15 參見《貢山獨龍族怒族自治縣概況》編寫組、《貢山獨龍族怒族自治縣》修訂本編寫組：《貢山獨龍族怒族自治縣概況》（修訂本）（北京市：民族出版社，2008年），頁7-8。

野菜類。例如，竹葉菜是當地人們在山頂雪水融化後最喜歡採集的野菜之一，不僅鮮嫩，且一旦發現就是成片生長，便於採集。蕨菜是另一種較好的野菜，三四月是最好的採集時間。人們在這個時候都會上山採摘蕨菜，背下山後第一件事情就是把蕨菜放入事先燒開的一大鍋水中煮上 10 至 15 分鐘，撈出鍋後便可炒吃或醃吃；如果短時間內不能吃完，還可以曬乾後儲藏起來，等 10 月以後豌豆、四季豆等豆類成熟，便可一起煮吃，味道極美；富裕一點的家庭，還與臘肉一起煮，可謂佳餚。

二　動物

　　碧羅雪山所處的地理位置特殊，氣候獨特，3,000 公尺以上的原始森林形成了良好的原始生態系統，自身調節和恢復能力強，加之海拔高、道路險峭、人煙稀少，在無外力直接破壞生物鏈時，動植物之間得到有效調節，便形成了豐富的物種繁多的生態資源。

　　據中國科學院昆明動物研究所對怒江州動物考察結果和文獻資料的記載統計，怒江州現有動物 474 種。其中，獸類 124 種，鳥類 282 種，爬行類 24 種，魚類 44 種。這些動物中被列為資源獸類的有 78 種，其中屬重點保護的有 27 種；重點保護的鳥類有 13 種。

　　怒江州有 124 種獸類，隸屬 9 目 27 科。其中，犬科主要有狼、赤狐、豺，猴科主要有獼猴、熊猴、短尾猴、滇金絲猴、戴帽葉猴、白眉長臂猴等。其它常見的動物有虎、豹、熊、野豬、馬鹿、羚羊、斑羚、穿山甲等。飛禽有巨鷹、竹雞、山雞等。

　　怒江州目前有兩棲類動物 24 種，分隸 2 目、6 科、11 屬。爬行類動物 80 種，分隸 2 目、6 科、19 屬。爬行類動物主要包括蛙類 13 種，蟾蜍類 11 種，蜥類 6 種，蛇類 25 種。迄今為止，記載怒江州共

有土著魚類 40 種，另引入 4 種，共計 44 種，分隸 2 目、4 科、24
屬。魚類主要有草魚、白鰱、鯉魚、鯽魚、角魚、墨頭魚、後背鱸
鯉、貢山裂腹魚、瀾滄裂腹魚、獨龍裂腹魚、怒江爬鰍、張氏爬鰍
等，這些魚類主要分佈在怒江、瀾滄江和獨龍江。怒江河流中的細鱗
魚、花魚、鱉魚、扁頭魚也很多。

怒江州還有不少珍稀動物，爬行類動物中的齒蟾、獸類中的戴帽
葉猴、鳥類中的灰腹角雉僅產於怒江境內，別無他處。[16]

以上所介紹的這些動植物資源，為當地的土著民族提供了直接的
物質資料。在生產力不發達的階段，該地居民以此維持正常繁衍。

三　礦產、鹵水資源

怒江、瀾滄江流域屬三江褶皺系，古生代以來，頻繁的板塊活動
及多次構造運動的成礦作用，生成了豐富多彩的礦產資源，使該流域
成為雲南省「有色金屬王國」的重要組成部分。目前，該地區已知礦
產種類 28 種，其中有鉛、鋅、銅、錫、鎢、銻、汞、鍶、鈹、金、
銀、鐵等金屬礦，大理石、鹽、矽石、石膏、雲母、硫、水晶、綠柱
石、海蘭、碧璽等非金屬礦及少量煤礦。[17]在此要著重介紹鹽井的鹵
水資源。鹽井在藏東的昌都芒康縣境內，其鹵水資源最為豐富。深層
地下鹽鹵水是一種特殊的液體礦產資源，其形成受到地質構造、水文
地理、氣候等多方面因素的影響。「鹽井地區屬於印度河—雅魯藏布
江和班公措—茲格塘—怒江構造帶，是我國大陸最強烈水熱活動帶之

16　參見中國科學院昆明動物研究所〈怒江州動物分佈介紹〉，《怒江方志通訊》1988年
　　第1期。
17　參見郝性中、楊子生、徐旌等編著：《怒江州土地資源》（昆明市：雲南科技出版
　　社，1997年），頁12。

一。本區所處位置為昌都—鹽井陸塊，東西分別以背江貢—察裏雪山斷裂和窩木榮斷裂為界，東鄰蟒嶺接合帶（在北段，兩單元之間夾有金沙江—紅河裂谷帶），西鄰榮玉碧土接合帶。」[18]鹽類礦床屬蒸發沉積礦床，它的形成必須具備乾旱的氣候條件。[19]據《西藏溫泉志》記載，「鹽井鄉境內，在瀾滄江兩岸南北長約 300 公尺寬 20 公尺的範圍內，有很多大小不等的泉眼湧出，水溫而鹹，最高溫度 41.4°C，總湧水量達每秒 20 升」[20]。

　　鹽井的鹽泉是地質運動和地質構架的結果，並形成了豐富的鹽礦；又因瀾滄江流經該地，兩岸的鹵水資源源源不斷，為長期進行鹽業生產提供了保證。由於鹽在藏族聚居區人民生活中極其重要，因此鹽井成為千年鹽業生產之地，並在現代鹽業技術高度發達的今天，依然保持著傳統的製鹽技術。這可謂一大奇觀，並對當地文化產生了深遠的影響。

第三節　族源及其歷史

　　藏東、滇西北和川西之間無論是在族源或是在文化的傳播上都有著密切的關係。有學者在討論藏族和納西族的關係時就曾指出藏、納西之間在族源、政治關係、宗教關係、商貿往來、文學藝術和語言上都有著密切的關係。[21]進一步而言，整個滇西北的藏、納西、傈僳、普米、怒等多個民族之間有著千絲萬縷的關係，且是同源異流。因

---

18 漆繼紅、許模、張強等：〈西藏鹽井地區鹽泉同位素特徵示蹤研究〉，《地球與環境》2008年第3期。
19 參見王清明：〈我國石鹽礦床的地質特徵〉，《地質科技情報》1985年第1期。
20 佟偉、廖志傑、劉時彬等：《西藏溫泉志》（北京市：科學出版社，2000年），頁258。
21 參見楊福泉：《納西族與藏族歷史關係研究·內容介紹》（北京市：民族出版社，2005年），頁3。

此，對各民族的文化進行分析時有可能要追溯氐羌文化。這是因為：
一是從西藏的東部及滇西北、川西一帶的石棺葬發掘的器物帶有北方
游牧文化的跡象；二是自吐蕃開始，這一地帶便是民族衝突最激烈的
地段，導致文化經南北走向的河流峽谷進行傳播。童恩正指出：「如
果從大族系講，我們將石棺葬文化視為北方循康藏橫斷山脈的河谷南
下的氐羌民族的文化，可能不致錯誤。」[22]格勒指出：這些古氐羌人
大約從春秋戰國時就從甘、青一帶南下，沿橫斷山區的各條江河向
南、向西遷徙。如果這種看法正確，那麼「六犛牛部」進入西藏應是
春秋戰國至秦漢之際。遷徙路線為：甘、青 → 阿壩茂汶 → 雅安寶興
→ 漢源 → 石棉 → 木裏 → 沿雅礱江而上 → 雅江 → 甘孜 → 石渠 → 進入
金沙江流域 → 沿金沙江而下 → 白玉 → 巴塘 → 德欽（雲南）→ 進入
瀾滄江流域 → 沿江而上 → 芒康（西藏）→ 向西經察隅進入雅魯藏布
江流域。上述地區均有石棺葬出土。[23]

考古發掘的資料一下子把古羌文化同西南各民族之間的距離拉近
了很多，但是仔細思考後，我們會發現格勒上述有關民族遷徙路線有
待商榷。例如，芒康離巴塘直線距離為 100 多公里，為何一定要取道
瀾滄江上的德欽，再一次北上進入芒康，而不是直接從巴塘進入芒康
一帶。有學者就曾指出：「如果我們綜合考古和傳說兩方面的資料進
行分析，似乎可以推測西藏的原始居民有兩種來源：一種是土著民
族，其定居在西藏的時代目前至少可以推到舊石器時代的後期，他們
是一種游牧和狩獵的部族；另一種是從北方南下的氐羌系統的民族，
他們可能是經營農業的。以後西藏的種族和文化，有可能就是以這兩

---

22 童恩正：〈近年來中國西南民族地區戰國秦漢時代的考古發現及其研究〉，《考古學
  報》1980年第4期。

23 參見格勒〈論古代羌人與藏族的歷史淵源關係〉，《中山大學學報》（哲學社會科學
  版）1985年第2期。

者為主體，再接受其它的因素綜合而形成的。」[24]該觀點已經考慮到文化的形成不是單線的傳播，也不是僅僅依靠傳播形成，而極為可能是土著居民和外來民族的一種融合，抑或是多個民族共同融合所形成的。何耀華也說道：「我認為藏族是古羌人與藏族聚居區的土著居民不斷融合而形成的，但古代藏族不等於古代的羌族，它也不是單純由藏族聚居區的土著居民發展而來的。由於古羌族是『三苗』等內地民族與西北土著的融合體，所以就古代藏族的族源來說，其中還包括了祖國內地民族的成分。」[25]總體來說，藏族起源是多元的，是居住在青藏高原上原始土著居民與其周邊各民族長期互動的結果。

各民族之間的文化碰撞所造成的諸多關係是歷史遺留給人們不斷去探討的問題，要深刻認識和摸清一個地方的文化，客觀評價一個地域內共同體的生活方式和策略，必須從源頭著手。以下對三個調查點進行簡單的族源分析和區域歷史描述。

一　鹽井

生活在藏東鹽井一帶的民族從何處來、什麼時候開始在此活動，均無法考證，在一定程度上給研究帶來了困難。但是，考古發掘的資料顯示，昌都一帶早先就有人類活動。1978 至 1979 年由西藏自治區文物管理委員會主持，進行了西藏境內第一次科學的田野發掘——西藏昌都卡若新石器時代遺址。兩次發掘共獲房屋遺址 28 座，石器工具 7,968 件，骨製工具 366 件，陶片 2 萬餘片，裝飾品 50 件，以及

24 轉引自西藏自治區文物管理委員會、四川大學歷史系編：〈昌都卡若〉，《中國田野考古報告集考古學專刊丁種第29號》（北京市：文物出版社，1985年），頁155-156。
25 何耀華：《中國西南歷史民族學論集》（昆明市：雲南人民出版社，1988年），頁84。

粟米、動物骨骼等。[26]卡若遺址已有 10 餘個放射性碳素鑒定結果，早期距今 4,655±100 年（樹輪校正 5,555±125 年）4,250±100（樹輪校正 4,750±245 年），晚期距今 3,930±50 年（樹輪校正 4,315±255 年）。[27]考古發掘顯然證明早在新石器時代昌都就有人類在活動。

從歷史文獻上看，《巴塘鹽井鄉土志》在「種族」一節中載：「據漢書圖伯特人為古三苗種族，蓋以舜竄三苗於三危，三危之地以喀木（今打箭爐至察木多等地）當之，是其人為三苗種族無疑。」[28]但是，根據《史記‧五帝本紀》載「『帝堯之時』，三苗在江淮荊州，數為亂」，《帝王史記》載「諸侯有苗氏處南蠻而不服，堯徵克于丹水之浦（今之湖北宜昌）」，《史記‧吳起傳》認為「三苗氏，左洞庭，右彭蠡」，尤中認為「洞庭即今洞庭湖，彭蠡即今鄱陽湖。可見，『苗民』退入南方後的居住區域，是今湖南、湖北、江西一帶」[29]。由此推測，三苗有不斷往西遷移的跡象。任乃強認為：「西康土著，非漢族，亦非藏族也，蓋羌之遺裔，羌之源出三苗。」[30]由此推測，西康當地的民族起源可追溯至古之三苗，古老的羌族極有可能由三苗發展而來。他繼續談到：「其遷徙未歸者，走匿南嶺山箐間，化為若幹部落，歷世愈久，竄蔓愈遠，分化亦愈繁，漸至語言風俗亦生差異，變為若干小族，曰蠻，曰苗，曰猺，曰黎，曰猓，曰犵，曰玀，曰仲家，曰民家，曰麼些，曰栗粟，我國古人不能細別之，統稱曰西南

---

26 參見童恩正、冷健：〈西藏昌都卡若新石器時代遺址的發掘及其相關問題〉，《民族研究》1983 年第 1 期。

27 參見中國社會科學院考古研究所實驗室：〈放射性碳素測定年代報告〉（八），《考古》1981 年第 4 期。

28 〔清〕段鵬瑞纂：《巴塘鹽井鄉土志》（影印本）（北京市：中央民族學院，1911 年），頁 4。

29 尤中：《中國西南的古代民族》（昆明市：雲南人民出版社，1980 年），頁 11。

30 〔清〕任乃強：〈西康圖經‧民俗篇〉，《新亞細亞學會月刊社》1934 年刊印，頁 1。

夷，實皆三苗之遺於南方者，是為南苗。」[31]任乃強所談到的這些民族後來演變為包括納西族、傈僳族、白族、彝族、瑤族族、藏族等在內的多個少數民族。

《鹽井縣志》載，「本縣人民分麼些、猓玀（通『古宗』）、獠夷、狹夷、貉夷及土著」[32]，對鹽井的民族進行了詳細記錄。按照史料記載，下面對這六種民族中的「麼些」、「古宗」和「土著」做些論述。

「麼些」又稱「末些」、「磨些」、「摩些」「摩沙」，為今天的納西族。唐之前稱為「摩沙」。最早記錄該民族的史料為《華陽國志・蜀志》，載有「（定笮）縣，渡瀘水。賓剛徼，〔曰〕摩沙夷，有鹽池，漢末，夷為錮之」。定笮為今天四川的鹽源縣，但並未記錄此時的摩沙夷是從哪裏來的。說明唐代之前，該民族主要分佈在金沙江東岸和雅礱江流域。唐宋時期稱為「磨些蠻」，《蠻書》記載：「磨蠻，亦烏蠻種類也，鐵橋上下有大婆、小婆、三探覽、昆池等川，皆其所居之地也。土多牛羊，一家即有羊群。」[33]據方國瑜考證：「三探覽位於今（麗江）永寧，似無大誤，則小婆、大婆應在今華平、永勝之地。」[34]按照此說法，唐代的納西族聚居區並沒有太大的變化，仍在靠近鹽源縣的麗江一帶。《雲南志略》進一步談到，「末些蠻在大理北又與吐蕃接界」。在大理北又與吐蕃接壤，應該在金沙江東岸的麗江以北一帶；這時的納西族分佈範圍和《蠻書》所記並無大的區別。據元代《元史・地理志》麗江路宣撫司所載：「昔麼蠻、些蠻居之，……二部皆烏蠻種，居鐵橋。」此時的納西族在「通安（今麗江縣城區）、永

31　同上。

32　〔清〕劉贊廷：《鹽井縣志》，《中國地方志集成》編輯指導委員會：《中國地方志集成：西藏府縣志輯》（成都市：巴蜀書社，1995年），頁389。

33　〔唐〕樊綽著，向達校注：《蠻書校注》（北京市：中華書局，1962年），頁96。

34　方國瑜：《方國瑜納西學論集》（北京市：民族出版社，2008年），頁32。

寧、寶山（今麗江縣東區），初非麼些所居，後始遷至」[35]。該記載說明，納西族在元代以來，有往西南方向遷徙的跡象。「居鐵橋」則明顯說明納西族已經到達現在的麗江塔城。明清稱為「末些」、「摩沙夷」、「麼些」。清代的《維西見聞紀》記載「末些，元籍麗江」，便將納西族的起源直接定為麗江，這是偏頗的，實為現在的四川鹽源縣一帶。《續雲南通志稿》載：「明萬曆年間，麗江土知府木氏漸強，日率麼些兵攻吐蕃。」這是木氏土司於明代興起後不斷北擴的情況。木氏土司的家丁、隨從沿途進入維西、德欽、鹽井等地，是納西族進入西藏鹽井的關鍵因素。

「猺㺄」通「古宗」，應為藏族一支系。天啟《滇志》卷三十說：「古宗，西番之別種。滇之西北與吐蕃接壤，流入境內，麗江、鶴慶皆間有之。男子辮髮百縷，披垂前後，經年不櫛沐，櫛必以牲祭，披長氈裳，以犛牛或羊毛織之。婦女青白磁珠與硨磲相雜懸於首。其食生肉、蔓菁、麥稗。」[36]文中指出，因滇西北與吐蕃接壤，民族之間的互動導致部分藏族（他稱「古宗」）進入了滇的範圍。歷史資料也證明在唐代初期，吐蕃臨近麗江的金沙江塔城一帶設神川都督府，為的是南下與唐朝爭奪洱海地區。《雲南圖經志書》卷五「風俗條」記：「境內有古宗蠻，即西番之別種也。氣習暴悍，⋯⋯食生肉，披長氈，胸前結以小繩，其短裳用犛牛尾或黑白毛撚線為之。⋯⋯風俗大抵與西番相同。」[37]這與上述《滇志》所記基本相同。

《維西見聞紀》載：「古宗，即吐蕃舊民也。有二種，皆無姓氏。」[38]這說明古宗的確和吐蕃有著歷史淵源關係。道光年間的《雲

---

35 同上。

36 〔明〕劉文徵著，古永繼校點：《滇志》（昆明市：雲南教育出版社，1991年），頁1000。

37 轉引自尤中：《中國西南的古代民族》（昆明市：雲南人民出版社，1980年），頁364。

38 〔清〕余慶遠：《維西見聞紀》，方國瑜主編：《雲南史料叢刊》（第十二卷）（昆明市：雲南大學出版社，2001年），頁63。

南通志》引《清職貢圖》言：「古宗，乃西番別種，先為吐蕃部落，流入鶴慶、麗江、景東三府，土流兼轄，與民雜居。」進一步詳細說明古宗不是雲南境內的本土民族，而是由吐蕃部落流入靠近西番的區域和當地土著居民融合形成的。《怒江舊志》載：「菖屬喇嘛，系為紅教。前清道光中葉，有西藏喇嘛，名教拱幾者，率領古宗數人，來菖蒲桶轉經，查悉其地肥沃，遂與古宗分地墾荒，建屋以居。後於丙中洛地方，創修一喇嘛寺。至光緒十三年（1887 年），大喇嘛喃穹復於菖蒲桶地方，又修一喇嘛寺。」這說明古宗在文化上與藏傳佛教有密切關係，在文化的淵源上實屬藏族。雲南境內的中甸、德欽、維西在明代歸木氏土司所管，其後隨明代走向沒落；清朝在川邊進行改土歸流，麗江木氏土司的權力遭到削弱。因此《麗江府志略》載：「古宗，即吐蕃，舊屬木府，今歸中甸管轄。金沙江邊皆其種。」即在金沙江邊的中甸一帶，都是古宗人的後裔。

　　《維西見聞紀》載：「古宗，即吐蕃舊民也。有二種，皆無姓氏，近城及其宗、喇普（今名乃同，在維西北）。明木氏屠未盡者，散處於麼些之間，謂之麼些古宗；奔子欄（今在德欽縣東南）、阿墩子（今德欽）者謂之臭古宗。」[39]這更加體現了當時人們對古宗的偏見，故在古宗之前加「臭」字，這應是藏族進入迪慶一帶引起政治和宗教上的矛盾所致。

　　綜上所述，古宗族與藏族是同一支系的民族，在文化上有著共同的認同，只是在進入雲南之後，人們為了區別在西藏境內的藏族，而取之為古宗，實質上是一種他稱。

　　土著人，按照當地的傳說，可能是「炯人」，即「囧人」，又稱「姜人」、「漿人」。費孝通也曾提到：「傳說察隅地區原來還有一種稱

---

39 同上。

為『炯』的人，他們生產先進，所築的梯田，遺跡尚在，大約在六代前被藏族打敗，部分遷走，部分已藏化。這種人究竟屬於什麼民族現在還不清楚。」[40]這給了我們重要的信息，說明在藏東的察隅一帶早就有了人類活動，因此我們不僅要考慮民族的遷徙，還須考慮土著民族對文化產生影響的可能性。

鹽井所在的昌都地區的歷史，在吐蕃之前沒有確切的歷史記載，只能通過考古材料的發掘進行推測。其中，最為重要的是卡若文化的發現，即卡若遺址的發掘。卡若遺址位於距昌都縣城約 12 公里的卡若村，按照發掘的遺址，可分為早期和晚期，早期的卡若文化距今有 4,955±1004 至 280±100 年。[41]大體看來，昌都一帶在吐蕃之前是部落社會，有東女國。據任乃強考證：「西康之東女國，……昌都、察隅、類烏齊、八宿、察窰龍、鹽井、門空、貧臺，北至隆慶，西至丹達山之地，皆其舊境。」[42]

7 世紀初，居住在臧河（今雅魯藏布江）中游南部雅隆河谷的悉補野部落迅速發展起來，其首領是藏族歷史上有名的民族英雄松贊干布。[43] 638 年，松贊干布攻下了吐谷渾，隨後又一直往南征戰，攻破党項、白蘭等部落，680 年基本上已經掌控了昌都的大部分地區。

10 至 13 世紀，西藏各地的世俗封建頭領分別與再度復興的佛教各教派結合在一起，割據一方，不相統屬，長期征戰。1260 年，忽必烈即位，尊八思巴為國師；在 1264 年成立了宣政院，統一管理全國的佛教事務和藏族地區的政教事務；在宣政院下設置 3 個宣慰使

40 費孝通：〈關於我國民族的識別問題〉，《中國社會科學》1980年第1期。

41 參見李光文、楊松、格勒主編：《西藏昌都：歷史‧傳統‧現代化》（重慶市：重慶出版社，2000年），頁8。

42 〔清〕任乃強：《任乃強民族研究文集》（北京市：民族出版社，1990年），頁226。

43 參見李光文、楊松、格勒主編：《西藏昌都：歷史‧傳統‧現代化》（重慶市：重慶出版社，2000年），頁28。

司，其中的「吐蕃等路宣慰使司都元帥府」具體負責昌都地區、四川阿壩州和甘孜州等藏族聚居區的事務。[44]

洪武四年（1371 年）明朝政府置朵甘衛指揮使司，歸屬巴塘的鹽井仍是其管轄的一部分。[45]洪武六年（1373 年）設烏斯藏朵甘衛指揮使司，下設 2 個宣慰司、1 個元帥府、4 個招討司、13 個萬戶府、4 個千戶所。[46]洪武七年（1374 年）升朵甘衛為朵甘衛行都指揮使司，鹽井歸朵甘衛行都指揮使司和磨兒勘招討司管轄。洪武二十年（1387 年），木氏土司在麗江崛起，木初繼任土司後，他通過各種途徑（包括貢獻方物、馬匹等方式）嚮明朝表示效忠，後來獲得了明朝的信任，被授予「節制西番」的權力。從此，木氏土司真正成為明朝統治者統治各族人民的工具。[47]

為了穩定麗江一帶的社會秩序和地方政局，木氏土司開始不斷北擴，進攻迪慶高原一帶。根據王恆傑的觀點，其路線有 3 條。西線為劍川到維西再到奔子欄。筆者認為，此線不必到維西以後轉向東進入奔子欄，而是到了維西以後直接沿瀾滄江北上到達德欽（阿墩子），這樣繼續北進可到達西藏鹽井。此線為雲南進入西藏的路線，也是木氏土司進攻的西線線路，途中經歷維西縣白濟汛區、小維西、康普區、葉枝、換夫坪、羊咱、果念、阿墩子、鹽井。[48] 1499 年起，木氏土司開始進攻維西的你那等地，並獲得勝利。《麗江木氏宦譜》（甲

---

44 參見李光文、楊松、格勒主編：《西藏昌都：歷史‧傳統‧現代化》（重慶市：重慶出版社，2000年），頁48。

45 參見四川省巴塘縣志編纂委員會編纂：《巴塘縣志》（成都市：四川民族出版社，1993年），頁54。

46 參見〔明〕胡廣：《大明太祖高皇帝實錄‧卷之七十九》，國家圖書館善本，1368年。

47 參見王恆傑：《迪慶藏族社會史》（北京市：中國藏學出版社，1995年），頁50。

48 參見王恆傑：《迪慶藏族社會史》（北京市：中國藏學出版社，1995年），頁53。

種本）記載，「（正德）四年（1509 年），得勝你那阿得酋等處」[49]，即已經攻佔了德欽昇平鎮。1509 年，木氏土司沿著瀾滄江一線侵掠阿得酋（阿墩子）後繼續北進，到嘉靖五年（1526 年）攻下鹽井那勝寨，說明木氏土司進入鹽井的時間應為 1526 年。至此，木氏土司的勢力深入西藏。

「考余慶遠《維西見聞錄‧序》載：『明萬曆間，麗江土知府木氏浸強，嘗以麼些兵攻吐蕃，吐蕃降。木氏遂屠其民而徙，其麼些兵以戍之。』故其時巴塘理塘皆為木氏有。鹽井為巴塘之甌脫從而可知矣。」[50]另，《維西見聞錄》和《維西見聞紀》為同一書的不同稱法。從段鵬瑞的考證來看，鹽井確實為巴塘土司所控制，而且有木氏土司留下來守衛鹽井的納西族子民，在鹽井的宗岩還留有木氏土司當年興建的碉樓。文獻進一步證實：「明隆慶二年至崇禎十二年（1568-1639 年）雲南麗江土知府納西族木氏土司攻佔巴塘，並派一大臣駐紮巴塘，以巴地為中心建立得榮麥那（得榮）、日雨中咱（中咱）、察哇打米（鹽井）、宗岩中咱（宗岩）、刀許（波柯）等 5 個宗（相當於縣）進行統治。這時期，巴塘屬雲南麗江土知府管轄。」[51]如此推算起來，鹽井實為麗江木氏土司所管轄。

1671 年（康熙十年）雲南巡撫李天裕題請豁免中甸等處時曾稱：「麗江木府，元、明時俱資以障蔽蒙番。後日漸強盛，於金沙江外則中甸、理塘、巴塘等處，江內則喇普、處舊、阿墩子等處，直至江卡拉、三巴、東卡，皆其自用兵力所辟。蒙番畏而尊之曰薩當

---

49 轉引自郭大烈主編：《中國少數民族大辭典‧納西族卷》（南寧市：廣西民族出版社，2002年），頁544。

50 〔清〕段鵬瑞：《巴塘鹽井鄉土志‧序》（影印本）（北京市：中央民族學院，1911年），頁1。

51 四川省巴塘縣志編纂委員會編纂：《巴塘縣志》（成都市：四川民族出版社，1993年），頁54。

汗。」[52]在《清史稿‧志四十四‧地理十六》記載有「鹽井，要。巴塘土司地。光緒三十一年改流，十四年設縣」。余慶遠在其著作中記載：「明萬曆間，麗江土知府木氏寖強，日率麼些兵攻吐蕃地，吐蕃建碉樓數百座以御之。維西之六邨、喇普其宗皆要害，據守尤固。木氏以巨木作碓，曳以擊碉，碉悉崩，遂取各要害地，屠其民，而徙麼些戍焉。自奔子闌以北，番人懼，皆降。於是，自維西及中甸，並現隸四川之巴塘、理塘，木氏皆有之。收其賦稅，而以內附上聞。」[53]在此時期內，鹽井一直屬雲南麗江土知府管轄。

　　明末清初，昌都地區一度處於戰爭之中，一是康區白利土司勢力擴大，二是蒙古和碩特部首領固始汗兵進入昌都。「直到明崇禎十二年底，青海蒙古族和碩特部首領固始汗入康滅掉白利土司，南下打敗木氏土司，結束了木氏土司在巴塘等地 71 年的統治，巴塘轉隸青海和碩特部固始汗統治。」[54]才有得「其孫世潘以此地賂青海，巴塘、理塘復淪入吐蕃」[55]，鹽井順理成章隨巴塘轉而隸屬於青海和碩特部。

　　康熙三年（1664 年）起，西藏達賴佔領巴塘，康熙四十二年（1703 年）西藏派弟巴（地方管理官員）管理巴塘。1718 年，康熙會陝、川、滇三軍征剿準噶爾部，命噶爾弼為定西將軍，副將岳鍾琪於康熙五十八年（1719 年）攻抵巴塘，招降巴塘弟巴陀翁布，並隨軍招撫乍丫、察木多、洛隆宗等地；隨後，藏、滇、川官員共商劃

52 轉引自〔清〕倪蛻輯，李埏校點：《滇雲歷年傳》（昆明市：雲南大學出版社，1992年），頁528。

53 〔清〕余慶遠：〈維西見聞紀〉，《大理行記及其它五種》（北京市：商務印書館，1936年），頁1。

54 四川省巴塘縣志編纂委員會編纂：《巴塘縣志》（成都市：四川民族出版社，1993年），頁54。

55 〔清〕段鵬瑞纂：《巴塘鹽井鄉土志‧序》（影印本）（北京市：中央民族學院，1911年），頁1。

界,將巴塘、理塘劃歸四川,中甸、維西併入雲南。

　　1909 年,時任鹽井縣鹽榷官的段鵬瑞在《巴塘鹽井鄉土志》「沿革」中載:「康熙五十八年(1719 年)大軍招撫番眾,始以巴塘、理塘、維西、中甸分隸川滇。巴塘則設宣撫使土司一、副土司一,所轄崇俄,即宗岩協廒,兼管鹽井。……光緒三十年,巴蠻之亂。戕殺大臣鳳全。大二土司伏誅。改土歸流。鹽井於宣統元年七月勘劃四至界限。……是為鹽井專管地方之始。……鹽井當巴塘西南一隅,為巴塘屬地。」[56]因此,鹽井在清朝屬四川。從 1664 年達賴侵佔巴塘開始到 1719 年清廷收復巴塘為止,西藏統治巴塘 55 年;期間,陀翁布被授為巴塘正土司(俗稱大營官),其弟桀西次仁為副土司(俗稱二營官),管轄巴塘、得榮、鹽井、中甸、維西(含阿墩子)等地[57],「巴塘土司鄉設協廒一員駐桀宜宗崖,每歲仍駐鹽井半載,所有鹽租稅糧及支應徭均歸其管」[58]。

　　1953 年 10 月 12 日鹽井解放,鹽井宗(相當於現在的縣級單位,但要比現在的縣一級小)解放委員會成立。到了 1959 年 9 月,西藏獲得全面解放,自治區人民政府成立,此時鹽井劃歸西藏,成立鹽井縣人民政府。1960 年 4 月 9 日,經國務院批准後,撤銷鹽井縣,與寧靜縣兩縣合併為寧靜縣(治所在嘎托鎮),並成立中共寧靜縣委。1963 年,調整區後,縣委的派出機構有 11 個區,其中鹽井區轄覺龍、上鹽井、下鹽井、拉久西、小昌都、過水、加達、木許、阿東 9

56 〔清〕段鵬瑞纂:《巴塘鹽井鄉土志》(影印本)(北京市:中央民族學院,1911 年),頁 1。

57 參見四川省巴塘縣志編纂委員會編纂:《巴塘縣志》(成都市:四川民族出版社,1993 年),頁 55。

58 〔清〕段鵬瑞纂:《巴塘鹽井鄉土志》(影印本)(北京市:中央民族學院,1911 年),頁 5。(標點符號為筆者所加。)

個鄉黨支部。[59] 1965 年 11 月，更名為芒康縣，隸屬昌都地區管轄。

　　1965 年 5 月，芒康縣成立革命委員會，取代了縣委、縣政府職權。到 1971 年人民公社時期，鹽井區所轄的 9 個鄉轉變為與原建鄉同名的人民公社，鑒於鹽井特殊的生計方式——曬鹽，於是成立專門管理鹽業的人民公社。1981 年撤銷人民公社後成立 4 個行政鄉（木許鄉、上鹽井鄉、下鹽井鄉、曲孜卡鄉）。其中，上鹽井鄉轄上鹽井、覺龍、小昌都 3 個行政村，下鹽井鄉轄加達、達水、拉久許（西）23 個行政村。1983 年 10 月，經國務院批准成立鹽井縣，但因故未能正式成立。

　　1984 年 12 月 30 日經報國務院、西藏自治區人民政府獲得批准，芒康縣鹽井納西民族鄉於 1985 年 1 月 24 日正式成立。此時，納西民族鄉僅轄 1 個行政村納西村、7 個村民小組。1997 年，將原來的 4 個鄉縮減為 3 個鄉，納西民族鄉下轄上鹽井、覺龍、下鹽井（現為納西村）、加達 4 個行政村。1999 年 10 月，經國務院批准撤銷鹽井縣建制，仍歸芒康縣管轄。2013 年 10 月，芒康縣準備將原來所轄的 16 個鄉增加到 25 個鄉，之前歸鹽井納西民族鄉管轄的上鹽井村，將成為一個新增鄉。

　　鹽井的鹽採用風吹日曬的傳統的手工製鹽方式，從萬曆年間開始，至今已有 574 年的歷史。鹽井鄉政府在瀾滄江東岸高出江面 380 餘公尺的臺地上，鹽田距離鄉政府駐地有四五公里，現在已經修通了一條柏油路可直接到達瀾滄江的東岸。江面上有兩座橋，一座是現代化的水泥澆築橋，可容兩輛車並列通行；一座為鋼繩弔橋，目前只能通行小型拖拉機和摩托車，不允許大型的車輛通行。

　　表 1-2 為 2011 年鹽井鄉轄區內從事鹽業生產的 3 個行政村的人

---

59 芒康縣地方志編纂委員會：《芒康縣志》（成都市：巴蜀書社，2008 年），頁 50。

口結構情況。[60]

表 1-2　2011 年鹽井鄉轄區內從事鹽業生產的 3 個行政村
的人口結構情況

行政村	戶數 （戶）	人口 （人）	男 （人）	女 （人）	勞動力		
					男（人）	女（人）	合計（人）
納西村	243	1 150	545	605	276	281	557
上鹽井村	134	874	365	409	160	168	328
加達村	190	1 114	560	554	236	260	496

二　德欽

　　德欽縣位於滇西北部橫斷山脈地段，青藏高原南緣，滇、川、藏三省（自治區）結合部，跨東經 98°36'-99°33'、北緯 27°33'-29°15'，「東界川邊德榮、巴塘等縣，南界維西縣，西界西藏屬畢土擦阿龍，北界川邊鹽井縣，東西蹙、南北長，縱計 700 餘里，四面交通臨境廣闊，皆無市鎮，墩境誠為川藏衝要之門戶，商賈雲集之巨市，軍政外交之關隘」[61]。

　　整個滇西北地方各處不斷出現的考古發掘遺址證明，新石器時代這些地方就有人類活動了，石器時代的遺物以維西縣哥登和中甸縣小中甸瓦丁的發現為代表；1958 年哥登遺址出土了磨製石器 2 件，長方單孔石刀件，遺址內還發現木炭屑。[62]德欽境內，雲南省博物館文

60　據2012年8月調查材料整理，由鹽井鄉政府和各村委會提供。

61　王沛霖：《滇邊要路略》，徐麗華主編：《中國少數民族古籍集成》（第85冊）（成都市：四川民族出版社，2002年），頁391。

62　參見熊瑛：〈雲南維西縣發現新石器時代居住山洞〉，《文物參考資料》1958年第10期。

物隊 1977 年對位於德欽西北 70 公里處、瀾滄江東岸的納古進行了實地調查，並試發掘一處石棺葬群。[63]出土的器物主要有陶器（共 23 件，20 件為雙耳陶器）和青銅器（包括矛、短劍、銅鐲）。1974 年雲南省博物館文物隊在德欽縣南部怒江與瀾滄江分水嶺的四莽大雪山尾端的永芝考古發掘，出土的器物與納古古墓群發掘的器物相似[64]，其中青銅器 13 件、陶器 9 件。這些都證明遠古時代人類已經在德欽境內活動，並過著原始的採集漁獵生活。

本書試圖對德欽一帶的主體民族——藏族以及對迪慶高原文化有過深遠影響的納西族作簡要闡述，以便能把握兩個民族之間的關係。

對於藏族和納西族之間的關係研究，自 21 世紀初以來，幾乎在同一時間段內（2004 年和 2005 年）有兩部著作面世，即《納西族與藏族關係史》[65]和《納西族與藏族歷史關係研究》[66]。總體來看，這兩部著作均從三個角度闡述了藏族和納西族之間的淵源關係。

（1）歷史淵源關係。通過對石棺葬的考古資料旁證兩者之間的同源異流關係，即藏族和納西族有著共同的文化淵源——氐羌文化。正如童恩正所提出的觀點：「如果從大族關係講，我們將石棺葬文化視為北方循康藏高原東端橫斷山脈的河谷南下的氐羌民族的文化，可能不致大誤。」[67]

（2）政治和宗教關係。基於唐、明兩朝集中反映納西族和藏族歷史上有密切政治關係的事實，分析和總結兩族之間曾經出現過的戰

---

63 參見張新寧：〈雲南德欽縣納古石棺墓〉，《考古》1983 年第 3 期。

64 參見雲南省博物館文物工作隊：〈雲南德欽永芝發現的古墓葬〉，《考古》1975 年 4 期。

65 趙心愚著：《納西族與藏族關係史》（成都市：四川人民出版社，2004 年）。

66 楊福泉：《納西族與藏族歷史關係研究》（北京市：民族出版社，2005 年）。

67 童恩正：〈近年來中國西南民族地區戰國秦漢時代的考古發現及其研究〉，《考古學報》1980 年第 4 期。

爭、友好再到融合的關係。[68]宗教關係是兩族之間最為密切的一個方面，自唐代以來，吐蕃的苯教就對納西族的東巴教有了一定的影響。藏傳佛教在滇西北的傳播和納西族木氏土司對康區的統治形成了雙向的互動關係。

（3）長期的貿易關係。出於地理、政治、宗教的關係以及藏族、納西族在物產方面的互補性，自唐代以來藏族和納西族保持了商業往來，藏族一般出產羊毛、牛皮、酥油等，往往用來換取糧食、茶、布匹等生活必需品，明末清初達到貿易的高峰。

從歷史上看，德欽縣內自春秋時代就有土著居民在境內的金沙江、瀾滄江兩岸活動。唐代，吐蕃南下，佔領了川西和迪慶高原一帶。為了保證其軍事上的優勢，吐蕃在迪慶邊緣的鐵橋鎮設置神川都督，管理今麗江、維西和劍川以北地區。此時的德欽，應歸神川都督府管轄。從《蠻書》中「大羊多從西羌、鐵橋接吐蕃界，三千二千口將來貿易」[69]來看，吐蕃和麗江之間有著商貿往來。馬長壽曾指出：「樊綽在交州做官多年，有些城鎮他親自去過，有些軍事上、政治上的報導是他親耳所聞、親目所見。因此《蠻書》對於研究南詔史的價值，由古及今，真是第一手的可靠史料。」[70]因此，以上事件應該屬實。

宋代以來，沒有史料記載，但這段歷史不應為空白。937 年大理國建立，逐步控制了永勝到麗江北一帶。至於維西，據《元史‧地理志》所載：「乃大理極偏僻之地，夷名羅衰間，居民皆摩、些二種

---

68 楊福泉：《納西族與藏族歷史關係研究‧內容簡介》（北京市：民族出版社，2005年），頁1。

69 〔清〕樊綽撰，向達校注：《蠻書校注》（北京市：中華書局，1962年），頁204。

70 馬長壽：《南詔國內部的部族組成和奴隸制度‧前言》（上海市：上海人民出版社，1961年），頁23。

蠻。」這說明維西應為吐蕃和大理統治的交界地帶，沒有哪一方完全控制該地；但是提到摩、些二蠻，說明該地區已經有納西族了。

13 世紀，忽必烈封八思巴為國師，管理全國宗教和藏族地區的事務，所設置的宣慰府負責分管昌都部分地區與四川甘孜、阿壩及迪慶區域的事務。洪武六年（1373 年），德欽為招討司磨兒勘（芒康）與萬戶府剌宗（巴塘）的管轄區。[71]明代基本上已經走上了土司制度，在藏族聚居區先後設置了「朵甘衛」來管理康區的一切事務，在朵甘衛下又設宣慰司和招討司。

正德四年（1509 年）始，德欽稱阿得酋，為麗江納西族木氏土司所佔；根據《麗江木氏宦譜》（甲種本）記「（正德）四年（1509 年），得勝你那阿得酋等處」[72]，此時木氏土司已經佔領了德欽縣城。而《維西見聞紀》載「萬曆間，麗江土知府木氏浸強，日率麼些兵攻吐蕃地，吐蕃建碉樓數百座以御之。維西之六邨、喇普其宗皆要害，據守尤固。木氏以巨木作碓，曳以擊碉，碉悉崩，遂取各要害地，屠其民，而徙麼些戍焉。自奔子欄以北，番人懼，皆降。於是，自維西及中甸，並現隸四川之巴塘、理塘，木氏皆有之。收其賦稅，而以內附上聞」[73]，便是記載了木氏土司攻入維西、德欽一帶的情況。

茨中村的納西族最有可能是這個時間隨木氏土司進入此地的。清代，德欽稱阿墩子。康熙四年（1665 年）至五十六年（1717 年），受蒙古和頓特那和西藏達賴喇嘛管理；康熙五十九年（1720 年）至雍

---

71 參見德欽縣志編纂委員會編：《德欽縣志》（昆明市：雲南民族出版社，1997 年），頁2。

72 郭大烈主編：《中國少數民族大辭典‧納西族卷》（南寧市：廣西民族出版社，2002 年），頁544。

73 〔清〕余慶遠：〈維西見聞紀〉，《大理行記及其它五種》（北京市：商務印書館，1936 年），頁1。

正四年（1726年），受四川省巴塘土司管轄；雍正五年（1727年）劃歸雲南，歸維西通判所管轄。雍正七年（1729年），「維西創設通判，以劍川綠營協成移駐，維西協標之千總分防阿墩子外汛一員，另設土千總把總外委各一員以其子孫世襲罔替，統率蠻民納糧供差應夫殿役，其地方稅權及詞訟事悉是喇嘛主持」[74]。光緒三十三年（1907年）設阿墩子彈壓委員，民國二年（1913年）改為行政委員，民國二十一年（1932年）設德欽設治局至 1949 年，分別由省府第九、第十、第十三、第十五政務（行政）督察專員公署所管轄。

民國十年（1921年），王沛霖描述德欽道：「阿墩為雲南入西藏之孔道，川邊之保障，全滇之屏藩，開勢險峻群山聳立如入雲霄，四周六山戴雪數月，山岸陡險中有廢墩數若平地，商賈旅居者約二百餘戶，左流金沙江，右流瀾滄江，阿墩雄跨中處。」[75]儘管德欽地理位置特殊，道路艱險，地處滇、川、藏結合部，卻是由滇入藏的必經之地，通往各處的道路極多。

其主要的乾道有 6 條：①德欽北行至西藏鹽井區，計程 206 哩；②德欽西北行溜渡瀾滄江至西藏左貢境內甲浪村，計程 400 哩；③德欽南行至維西，計程 450 哩；④德欽南行至維西、康普境內渡瀾滄江至貢山，計程 250 哩；⑤德欽東南行至中甸，計程 350 哩；⑥德欽東南行經奔子欄渡金沙江至四川省得榮，計程 400 哩。縣內主要鄉道有 5 條：①由縣治西北行，沿瀾滄江東行，經古水、納古、必用貢至鹽井界，計程 210 哩；②由縣治東北行，經阿東，翻甲吾雪山，過甲功、歸吾、南格、頂拉至金沙江邊巴塘界，計程 350 哩；③由縣治往

74 王沛霖：〈滇邊要路略〉，徐麗華主編：《中國少數民族古籍集成》（第85冊）（成都市：四川民族出版社，2002年），頁390。

75 王沛霖：〈滇邊要路略〉，徐麗華主編：《中國少數民族古籍集成》（第85冊）（成都市：四川民族出版社，2002年），頁391。

東南行，翻白茫雪山，經書松、奔子欄、格浪水達金沙江邊中甸界，計程 200 哩；④第③道至奔子欄後，西行翻格里雪山，經茨卡通、石茸、月仁、拖頂、其宗至麗江界，計程 700 哩。[76]

上述道路，雖然四通八達，東可至四川，北可到西藏，西可入怒江，南可及麗江大理。但是，一直以來，道路多在山間峽谷之中、懸崖峭壁之上，陡險難行，僅作為一般的人馬驛道。西藏解放以前，這裏道路艱險，土匪時常出沒。「由維西達阿墩子計程十站，途長九百多里，自維西而達葉枝已行其半路，稍略平，盜賊繁多，商旅集隊同行，持械自衛，自葉枝而至加別途長四百里左右，竟乃深山大澤，森林最茂禽獸繁殖之間，就一羊腸鳥道，行旅必由來往獸啼鳥躕之道，遍餘沿途巉岩峭石，屏立瀾滄江之兩岸，道路軌線循行瀾滄江東岸和西岸百餘里路竟數寸之寬，山狹江逼，寸步難，險途長箐深，人戶稀疏，奇險甚絕。」[77]

民國期間，德欽境內有藏族、傈僳族、納西族、白族、彝族、傣族、怒族、普米族、拉祜族、漢族、哈尼族、苗族、壯族等民族。目前，德欽轄六鄉兩鎮，縣城所在地昇平鎮，海拔 3,400 公尺，距州府中甸 182 公里，距省會昆明 889 公里。[78]據德欽設治局統計，民國二十九年（1940 年）本縣計 1,236 戶、5,266 人，其中昇平鎮 890 人、雲嶺鄉 1,217 人、佛山鄉 899 人、燕門鄉 2,260 人。[79]

1950 年，德欽由麗江地區管理。1952 年設治局改為縣的建置，

---

76 參見德欽縣志編纂委員會編：《德欽縣志》（昆明市：雲南民族出版社，1997年），頁124。

77 王沛霖：〈滇邊要路略〉，徐麗華主編：《中國少數民族古籍集成》（第85冊）（成都市：四川民族出版社，2002年，頁382）。

78 參見德欽縣志編纂委員會編：《德欽縣志》（昆明市：雲南民族出版社，1997年），頁1。

79 同上，頁70。

設立德欽縣設治局。1955 年 12 月，改稱德欽縣；1957 年 9 月，德欽縣開始隸屬迪慶藏族自治州。

調查點之一的茨中村現由燕門鄉管轄，距離鄉政府 12 公里左右。2012 年調查資料顯示，茨中村轄有 9 個村民小組，共有 235 戶、1,305 人。其中，藏族人口占 90%。茨中村主要有三種信仰：天主教，信徒約占 53%；藏傳佛教，信教人數占 40%左右；東巴教，信教人數占 7%左右。該村居住著藏族、納西族、傈僳族、漢族、白族、怒族等民族。

三　貢山

《元史地理志》載「蘭州，在蘭滄水（今瀾滄江）之東，漢永平中始通博南山道，渡蘭滄水，置博南縣，唐為盧鹿蠻部。至段氏時，置蘭溪郡，隸大理。元憲宗四年內附，隸茶罕章管民官，至元十二年改蘭州（今蘭坪縣）」，指出今蘭坪縣一帶在唐朝就有一個部落稱為鹿蠻。又《大元混一方輿勝覽》載：「潞江，俗名怒江，出路蠻，經鎮康與大盈江合，入緬中。」[80]這說明「元代，怒人已作為一個獨立的單一民族分佈在怒江東西兩岸」[81]。

明朝初年錢古訓所著的《百夷傳》載：「怒人，頗類阿昌。蒲人（崩龍、布朗）、阿昌、哈詞、哈杜、怒人皆居山巔，種苦蕎為食物，餘（『百夷』等）則居平地或水邊，言語皆不相同。」[82]而這個時候的

80　〔元〕劉應李原編，詹有諒改編：《大元混一方輿勝覽》（成都市：四川大學出版社，2003年），頁481。

81　王文光、段紅雲：《中國古代的民族識別》（修訂本）（昆明市：雲南大學出版社，2011年），頁247。

82　〔明〕錢古訓著，江應梁校注：《百夷傳校注》（昆明市：雲南人民出版社，1980年），頁152。

怒人居住在「當時『百夷』聚居北部的山區，即令（今）德宏北部境外的怒江以西地帶」[83]。之後是《滇志》載：「怒人，男子發用繩束，高七八寸；婦女結布於發。其俗大抵剛狠好殺，餘與麼些同。惟麗江有之。」[84]但是，此時的麗江範圍極廣，「實際為麗江府西北邊境有之。其時，今貢山、福貢、碧江、蘭坪、維西等地皆屬麗江府，這一帶地方有『怒子』，而臨近的其它府皆無，所以『惟麗江有之』」[85]。因此，人們對怒族的認識和瞭解應在明代後期才開始的。

　　從怒族的族源上看，根據尤中的描述，怒族應分為兩部分。絕大多數的人口應分佈在怒江以西，西北接西藏的「西南界緬甸孟養陸阻地」；另一小部分是從麗江府西部邊境向靠內的地區遷徙的。[86]但是，隨著研究的深入，人們越來越發現怒族族源的分析是一個棘手的問題，因為其產生的源頭不止一處，一個地方的怒族既有土著居民，也有從外部遷入的。從現在的研究情況來看，怒族主要由自稱為「若柔」、「諾蘇」、「阿龍」、「阿依」的 4 個部分組成。自稱為「若柔」的怒族主要居住在蘭坪白族普米族自治縣兔峨鄉和瀘水縣魯掌鎮；自稱「諾蘇」的怒族主要居住在福貢縣匹河怒族鄉、子里甲鄉一帶；自稱「阿龍」的怒族主要分佈在貢山獨龍族怒族自治縣茨開鎮、捧當鄉、丙中洛鄉，西藏察隅縣察瓦龍鄉，迪慶藏族自治州維西縣；自稱為「阿依」的怒族，主要分佈在福貢縣上帕鎮、鹿馬登鄉和架底鄉。[87]

　　對怒族有較多文獻記載是在十六七世紀以後。楊慎在其《南詔野史》中道：「怒人居永昌，怒江內外，其江深險，四序皆煥，赤地生

83 尤中編著：《中國西南的古代民族》（昆明市：雲南人民出版社，1980年），頁375。
84 〔明〕劉文徵撰，古永繼校點：《滇志》（昆明市：雲南教育出版社，1991年），頁1000。
85 尤中編著：《中國西南的古代民族》（昆明市：雲南人民出版社，1980年），頁375。
86 同上，頁377-378。
87 參見劉達成主編：《怒族文化大觀》（昆明市：雲南民族出版社，1999年），頁1。

煙，每二月瘴氣騰空，兩堤草頭交結不開，名交頭瘴，男子面多黃瘦⋯⋯射獵或採黃連為生，鮮及中壽，婦人披髮，紅藤勒首。」此段記載說明，當時怒江一帶的民族還未開化，處在封閉的峽谷內，生存條件惡劣，均以採集漁獵為生。《雲南通志》引《皇朝職貢圖》記錄：「怒人，以怒江甸得名。明永樂間，改為潞江長官司。其部落在維西邊外，過怒江十餘日，環江而居。本朝雍正八年歸附，流入麗江、鶴慶境內，隨二府土、流兼轄。性猛悍，以弓矢射獵。」[88]該記載說明，明代已經在潞江設立了長官司管理怒江一帶的民族；但路途遙遠，過了怒江還需要十幾天才能到達，因此極為偏僻，管理上可謂鞭長莫及。到了清代雍正八年（1730年）才真正歸附朝廷。對于歸附過程，《雲南通志》卷二十四也做了記錄：「怒人，在維西瀾滄江外數百里崇山峻嶺，有江曰怒江，環江皆怒人所居，故名。自古不通中國，本朝雍正八年，相率詣維西衙門，以羊皮、山驢皮、麻布、黃蠟等物充貢。」這一段文字說明兩者之間的關係是通過納稅、上貢的方式來維持的，而維西土司這段時間內並沒有直接派人進入怒江進行管理。

《麗江府志略》載：「居怒江邊，與瀾滄江相近。男女十歲後，皆面刺龍鳳花文，見之令人駭異。婦人結麻布於腰，採黃連為生。茹毛飲血，好食蟲鼠。」[89]雍正元年（1723年），清朝政府開始在西南進行「改土歸流」，為的是加強中央對地方的統治，木氏土司由土知府降為土通判。明代萬曆年間，木氏土司攻打維西成功後，便有木氏土司的士兵留守維西。「後來士兵召回，留下木氏軍事頭目，授予土司世職，令其在瀾滄江東岸的康普村，『世守斯土，破珠開荒』，進行

---

88 〔清〕阮元、伊里布等修：〈雲南通志‧南蠻志〉，方國瑜主編《雲南史料叢刊》（第十三卷）（昆明市：雲南大學出版社，2001年），頁368。

89 同上，頁369。

土司統治。」[90]改土歸流後麗江和維西兩者之間儘管是隸屬關係，但是兩者都臨近怒江，只要翻越碧羅雪山就能直接控制怒江。於是，麗江木氏土府都毫不示弱地對怒族進行剝削和掠奪。這可從文獻中看到：「怒江兩岸怒子、傈儸五十八村寨向隸麗江土府木氏管理，嗣於雍正元年改土歸流，皆係散居高山密林，刀耕火種，食盡遷徙岩穴，頃未報納糧賦；因怒江距府鸞遠，叩著令浪滄江煙川保長和為貴，就近管束。」[91]又雲貴總督碩色在乾隆十八年（1753 年）的《伴送遣回俅夷》奏摺中說：「麗江府屬之怒江兩岸怒子、傈儸⋯⋯散居高山密林，刀耕火種，食盡遷移，棲岩穴，原未報納糧賦⋯⋯」[92]

　　清代《維西見聞紀》記有：

　　　　怒子，居怒江內，界連康普、葉枝、阿墩之間，迤南地名羅麥基，接連緬甸，素號野夷。男女披髮，面刺青文，首勒紅藤，麻布短衣。男著褲，女以裙，俱跣。覆竹為屋，編竹為垣。谷產黍麥，蔬產薯、蕷及芋，獵禽獸以佐食。無鹽，無馬騾。無盜，路不拾遺，非御虎豹，外戶可不扃。人精為竹器，織紅文麻布，麼些不遠千里往購之。性怯而懦，其道絕險，而常苦栗粟之侵淩而不能御也。雍正八年（1730 年），聞我聖朝已建設維西，相率到康普界，貢黃蠟八十斤、麻布十五丈、山驢皮十、麂皮二十，求納為民，永為歲例。頭人聞於別駕，別駕上聞，

90　李道生：〈維西康普、葉枝等土司管理怒江始末〉，李道生主編：《怒江文史資料選輯》（第十一輯），政協怒江傈僳族自治州委員會文史資料研究委員會1989年刊印，頁49。

91　《碩色奏摺》，李汝春主編：《唐至清代有關維西史料輯錄》，維西傈僳族自治縣志編委會辦公室1992年刊印，頁274。

92　同上。

奏許之，犒以砂鹽。官嚴諭頭目，俱約其下，毋得侵凌。[93]

上述文獻描寫了怒族的居住區域、生活狀況及地理上與維西、德欽毗鄰。還提及雍正八年（1730 年），聞及維西已經設置通判，怒族便到康普進貢黃蠟、麻布、山驢皮、鹿皮等，要求歸附維西。根據成書於民國期間的《菖蒲桶志》的描述，「菖屬在前清時，歸維西土司管理」[94]。當時的維西由女千總禾娘執政，便接受了貢山怒族等人的歸附。

1796 年禾娘的丈夫和兒子相繼死去，禾娘便請西藏的喇嘛為其念經超度。為了答謝，禾娘將康普土司對貢山丙中洛和獨龍族上段的管轄權送給西藏喇嘛寺。[95]後來禾娘千總由於各種社會原因，權力逐漸衰弱。原維西改土歸流中被封為土把總的王仁繼禾娘後進入怒江，管理怒江事務。此後儘管管理人員有些變化，但是貢山一直由維西管轄。從雍正八年（1730 年）到民國二年（1913 年）的 180 多年中，維西縣境內的康普、臨城、橋頭、吉岔、葉枝 5 個土司先後對怒江的貢山進行了管轄。光緒三十一年（1905 年），怒江方面喇嘛仇視天主教，結黨叛亂。光緒三十四年（1908 年）夏瑚任阿墩子彈壓委員，兼辦理怒江事宜。但是，夏瑚並不常駐怒江，只是每年進入怒江巡察一兩次。地方的治安由鎮守的北營後哨維持。民國成立以後，設立菖

---

93 〔清〕余慶遠：〈維西見聞紀〉，《大理行記及其它五種》，（北京市：商務印書館，1936年），頁10。

94 菖蒲桶行政委員公署編纂：《菖蒲桶志》，李道生主編：《怒江文史資料選輯》（第十八輯），政協雲南省貢山獨龍族怒族自治縣委員會、政協雲南省怒江傈僳族自治州委員會文史資料研究委員會1991年刊印，頁9。

95 參見李道生：〈維西康普、葉枝等土司管理怒江始末〉，李道生主編：《怒江文史資料選輯》（第十一輯），政協怒江傈僳族自治州委員會文史資料研究委員會1989年刊印，頁51。

蒲桶行政委員（公署），由麗江府保委楊孶修擔任第一任行政委員。
總體上，碧羅雪山西麓的怒江一帶，相較東麓而言歷史時間短、文化
沉澱薄。

　　今天的怒族主要分佈在怒江州的 3 個縣，即瀘水縣、福貢縣、貢
山縣；其餘的少部分分佈在蘭坪縣、維西縣。2007 年，怒江州共計
怒族 26,987 人，占總人口的 5.6%。[96]貢山縣 2005 年人口普查，怒族
人數為 6,296 人，占 5%。丙中洛鄉 2007 年末的人口情況為，全鄉總
人口 6,283 人，總戶數 1,517 戶；全鄉共有 13 個民族，漢族 146 人，
少數民族 6,137 人。其中，怒族 3,136 人，占總人口的 49.91%；傈僳
族 2,042 人，占總人口的 32.5%；藏族 547 人，占總人口的 8.7%；獨
龍族 341 人，占總人口的 5.4%；其它少數民族 70 人。2011 年末，全
鄉人口 6,461 人，總戶數為 1,988 戶；全鄉有 16 個民族（漢族 152
人），其中怒族 3,275 人，占總人口的 50.69%。[97]

---

96 參見《怒江傈僳族自治州概況》編寫組、《怒江傈僳族自治州概況》修訂本編寫
　　組：《怒江傈僳族自治州概況》（北京市：民族出版社，2008年），頁26。
97 參見丙中洛鄉政府提供的《丙中洛鄉基本情況》。在此表示感謝。

第二章
多元生計的形成及其中介（上）

　　簡單來說，「生計」就是人類的生活方式，「一旦人類終於定居下來，這種原始共同體就將依種種外界的（氣候的、地理的、物理的等等）條件，以及他們的特殊自然習性（他們的部落性質）等而或多或少地發生變化。自然形成的部落共同體（在血緣、語言、習慣等方面具有共同性），或者也可以說群體，是人類佔有他們生活的客觀條件和佔有再生產這種生活自身並使之物化的活動（牧人、獵人、農人等的活動）的客觀條件的第一個前提」[1]。必須指出的是，「對馬克思來說，生產本身包含著人與自然之間的不斷變換的關係，包含著在人類改造自然的過程中必定要進入的社會關係，以及人類象徵能力的必然轉變，因此，嚴格的意義上，這個概念並不僅僅是一個經濟概念，它也是生態的、社會的、政治的和社會心理學的概念」[2]。因此，生計涉及人類社會活動的方方面面，而不是孤立的。

　　每種生計都是一種生產，每一種生計的形成往往又不是單一因素造成的，有時是多種因素共同作用的結果。比如，游牧生計的產生，首先要有滿足不斷遷徙的地理條件如豐富的水資源、寬闊的草場等，其次是在高寒地帶能夠生存繁衍的牲畜，這兩個條件缺一不可。本書主要關注游牧文化的傳播對碧羅雪山東麓的影響。因為歷史上這一區域地廣人稀，大量的文獻記載說明該區域的民族與古氐羌族南遷有

1　《馬克思恩格斯全集》（第46卷上冊）（北京市：人民出版社，1995年），頁472。
2　〔美〕埃里克・沃爾夫著，趙丙祥、劉傳珠、楊玉靜譯：《歐洲與沒有歷史的人民》（上海市：上海世紀出版集團，2006年），頁29。

關，迪慶高原文化受到古羌族文化的影響。因此，本章所討論的問題，主要抓住影響各種生計的核心要素，始終堅持「文化的基本精神恰好就是一個民族生活樣式的決定性因素」[3]。

第一節　採集狩獵：一種生計遺存

據研究，距今 1 萬年以前，地球上的人類全都是採集狩獵民，過著採集漁獵的生活。[4]在人類社會演進的過程中，採集漁獵曾經一度是人們獲取物質資料、保證人類得以繁衍的基本手段。任何一個民族或種族，最初都經歷了採集漁獵這一階段。為了便於研究，在歷時性分析人類社會經歷的漫長過程時，必須對人類原始所進行的採集漁獵和當下人們所進行的採集漁獵進行有區別的看待。前者可認為是「糊口型」採集漁獵，這一階段的採集漁獵以滿足人類自身生理的基本需求為前提；後者可認為是「經濟型」採集漁獵，這是因為在現代社會的背景下，後者已經不再單純以獲得食物為首要目的，而是帶有商品交換的性質，通過交換將所得的貨幣用於購買自己所需要的物品。

「在當代，可能有 25 萬人──占 60 億世界人口 0.005% 不到──主要通過狩獵、捕魚和採集野生植物的果實來供養自己；然而，在栽培植物和馴化動物之前──這只是在 1 萬年前才開始的──全部人類都通過採集野生植物、狩獵和捕魚的某種形式配合來養活自己。」[5]因此，採集漁獵仍然是人類所經歷的較長的歷史過程中的一

3　楊陽：《王權的圖騰化──政教合一與中國社會》（杭州市：浙江人民出版社，2000年），頁11。

4　參見〔日〕秋道智彌、市川光雄、大冢柳太郎編著，范廣融、尹紹亭譯：《生態人類學》（昆明市：雲南大學出版社，2006年），頁14。

5　〔美〕威廉・A.哈威蘭著，瞿鐵鵬、張鈺譯：《文化人類學》（第10版）（上海市：上海社會科學出版社，2006年），頁169。

種重要生計方式，對這一階段的分析，對我們認識當代社會及其人類活動有關鍵意義。正如馬克思所言，「人體解剖對於猴體解剖是一把鑰匙」[6]，對採集狩獵的認識是剖析人類社會後來經歷的各種生計方式的基礎。

1977 年 8 月，雲南省博物館工作隊在碧羅雪山西麓的德欽縣西北部 70 公里的納古進行了考古發掘，共挖掘 24 座古墓。這些古墓全為石棺葬，17 座中有器物發現。出土的隨葬品多為陶器，也有矛或短劍的青銅器。陶器形狀多為單耳、雙耳、缽等。從陶器的造型、裝飾及對還原火的使用可以看出，燒陶技術已超出原始製陶工藝水準；就器型來看，基本上屬於罐的形狀演變，或單耳、或雙耳，底有圈足，但是多平底，主要用於煮食或盛飲。以上說明陶器主人生活方式簡單，大多是牧獵者的生活用品。[7]就青銅製品而言，一類屬於武器或獵具，用於防身或割開動物的皮肉；一類是日常用品，用於削製工具。出土的這些青銅器應該是牧獵民族的生活用品，或至少與牧獵民族有關。

王恆傑指出，江川李家山、楚雄萬家壩、茂汶、齊家以及夏家店等諸文化已經有豬的出現，象徵著畜牧業或農業的出現；而在納古古墓及墓葬中，卻絲毫看不出農業經濟的內容，進一步說明了納古古墓的主人還是以採集和狩獵為謀生手段。[8]

中國西南的橫斷山脈所在的地理位置特殊，特別是碧羅雪山西麓，地處中國之邊疆，歷來山谷縱深、懸崖陡峭、道路不通、長期封閉，也因有高黎貢山和碧羅雪山等山脈，使人們在生存過程中長期依靠採集狩獵來維持生存。總體來說，「人類對食物營養的需求，貫穿

6　《馬克思恩格斯全集》（第12卷），（北京市：人民出版社，1995年），頁756。
7　參見王恆傑：《迪慶藏族社會史》（北京市：中國藏學出版社1995年），頁14。
8　參見王恆傑：《迪慶藏族社會史》（北京市：中國藏學出版社1995年），頁18-19。

了整個生息繁衍的過程」[9]，然而「就自然方面而言，任何一種文化都需要從周圍的自然環境中獲取生存的物質，因而每一種文化必須與所處的自然環境相適應」[10]。碧羅雪山兩麓人民自從誕生開始便不斷利用自然界中存在的物質資料來滿足自身的需求。

歷史上的怒族、獨龍族、傈僳族等民族所在的怒江峽谷，正是僻野之地，居住在這裏的人們過著採集狩獵生活，常常是吃生肉、飲動物鮮血。清代《麗江府志略》上卷《官師略・附種人》載：「怒人，居怒江邊，與瀾滄江相近……採黃連為生。茹毛飲血，好食蟲、鼠」，說明怒族當時過著採集狩獵的生活。清代余慶遠在《維西見聞紀》中說：「怒子，居怒江內，界連康普、葉枝、阿墩之間，……谷產麥黍，蔬產薯、蕷及芋，獵禽獸以佐食。」[11]兩則文獻基本指出，怒族生活的區域與維西和德欽接壤，多以採集狩獵為生，所生產的物質資料單一，僅有青稞、小麥、薯蕷一類，採集和狩獵成為維繫他們生活的主要方式。

歷史上的怒族，還是一個地位低下、常被別的民族當作奴隸、受人欺辱、受政治壓迫的民族。清代以來，「菖屬地方（貢山）夷人，有喇嘛、古宗、怒子、傈僳、俅子五種。在昔，名義上雖歸維西葉枝土司管理，其實係強者為酋，弱者為僕。土司對於怒俅兩江，只每年派人收錢糧一次，地方之民刑案件，即由收糧人處理，收租人蛩回後，民間發生爭執，又由喇嘛寺解決。彼時喇嘛眾多，習性強橫，古

9　〔美〕西敏司著，王超、朱建剛譯：《甜與權力──糖在近代歷史上的地位・中文版序言》（北京市：商務印書館，2010年），頁15。

10　〔美〕湯瑪斯・哈定等著，韓建軍、商戈令譯：《文化與進化》（杭州市：浙江人民出版社，1987年），頁37-38。

11　〔清〕余慶遠：〈維西見聞紀〉，方國瑜主編：《雲南史料叢刊》（第十二卷）（昆明市：雲南大學出版社，2001年），頁67。

宗、怒子均畏懼之。雖威福擅作，生殺由己，莫敢誰何」[12]。貢山一帶的怒族、獨龍族人不僅生活在極為惡劣的自然環境中，而且還受到各種宗教勢力和地方土司權力的壓迫，因此造就了怒族、獨龍族人較強的適應環境的能力。「從某種意義上說，一個民族的生計方式的形成就是針對其所處的生態系統長期磨合的結果。也就是說，各民族生計方式在對其所處生態系統的改造、利用過程中形成了自己對資源獲取和利用的方法，但這一系列方法要持續發揮作用，就一定要將這些方法納入該民族的文化之中」[13]，使之在不斷互動的過程中成為該民族文化的一個有機組成部分，與該民族文化的其它部分形成一個社會事實，這一過程便是該民族生計方式對所處生態系統的適應過程。[14]這種適應主要表現在兩個方面。

一　不斷提升採集狩獵技藝

有人指出：「就一個具體的民族來說，其生存環境的自然條件既是具體生計方式構建的依託，又是該生計方式的制約因素，同時還是該種生計方式的加工對象。」[15]明清以前，這裏的絕大多數人還過著原始的採集狩獵生活，往往只能「靠山吃飯」。在生產力極為低下的階段，人們為了生存就不得不採用原始的方式直接從自然界獲得生存的必需品，這種直接獲取物質資料的方式往往具有不穩定性和不確定

---

12 菖蒲桶行政委員公署編纂：《菖蒲桶志》，李道生主編：《怒江文史資料選輯》（第十八輯），政協雲南省貢山獨龍族怒族自治縣委員會、政協雲南省怒江傈僳族自治州委員會文史資料研究委員會1991年刊印，頁14。

13 羅康智、羅康隆著：《傳統文化中的生計策略——以侗族為例案》（北京市：民族出版社，2009年），頁1。

14 同上。

15 同上，頁13。

性。儘管薩林斯認為，原始採集狩獵民族處在一個「豐裕」的時代，一天之內工作時間短，只需從樹上採摘野果就能直接吃，一旦狩獵成功就能直接進食；但是，我們應該看到原始的採集狩獵生活必須建立在廣袤的土地上，要求森林覆蓋面廣，生物資源豐富，最關鍵的是自然環境能滿足人類不斷攝取營養的條件，保證有足夠的物質資料長期供人類直接獲取，也就是要求自然環境具有恢復性和持續性。一旦人類的繁衍和獲取物質資料超過一定的限度，兩者之間的平衡被打破，無疑將影響自然環境恢復的能力。因此，怒族必須通過各種生存策略來維持人類生存資料的獲得。這種生存策略表現在以下三個方面。

首先是採集狩獵工具的發明、改進。「一個民族的生計方式的形成及實際運用，與該民族的生態環境、活動空間、技術水準及習俗信仰等因素有密切關係。」[16]怒族的採集狩獵活動就是基於對環境的認識，利用自身所具有的技術直接從環境中獲取生存的必需品。《菖蒲桶志》對此有清晰的表述：「菖屬夷人男子，每於農隙時，即從事打獵。在冬春雪封山期間，各種鳥獸因氣候寒冷，不能藏處深山，盡皆竄匿江邊，圍獵之人尤多，所用獵器，盡用弩弓、弩箭、獵犬，惟無漁戶，亦無漁具。」[17]為了保證每次捕獵都有較高的成功率，打獵者不得不利用各種閒暇時間練習各種狩獵技能，有時甚至要改進或創制狩獵工具來對付體型更大的野獸。

就人類所使用的工具而言，演進過程一般是木製工具或竹類工具→石器工具→機械類工具（如弓箭、投矛器）→鐵器工具。木製工具主要利用樹枝、樹幹的鋒利部位來刺殺獵物。原始階段主要採用石

---

16 張有雋：〈吃了一山過一山：過山瑤的遊耕策略〉，《廣西民族學院學報》（哲學社會科學版）2005年第14期。

17 轉引自貢山獨龍族怒族自治縣志編纂委員會：《貢山獨龍族怒族自治縣志》（北京市：民族出版社，2006年），頁525。

器來打磨樹枝，有時候石器又需要木製的手柄，因此早期是木器和石器共用。之後便發明了利用機械原理的弩弓、彈弓等發射裝置，優點在於不用近距離接觸獵物。而鐵製器具的發明，使得人們無須直接面對野獸，可以「守株待兔」。從木製到鐵器，工具的改進大大提高了捕獵的效率，滿足了人口增長對物質資料的需求和解決難以捕獲大型動物的問題。

捕魚是獲得生存資料的另一項重要活動。從技術上看，人們最早採用的方式是「涸澤而漁」；但是，這種方式在靜水湖或小溪中容易進行，對於如瀾滄江和怒江這樣的大江，顯然難以實現。於是，人們發明了漁網、漁簍、漁鉤等工具來捕魚。上述漁獵方式和漁獵工具，將在第六章具體介紹，在此不再詳細描述。

其次是採集狩獵方式的改變。狩獵方式普遍分為靜態和動態。靜態狩獵主要建立在人類發明捕獸工具的基礎上，如利用支鐵夾、扣子、陷阱等方法進行捕獵。這種捕獵方式不需要捕獵者直接參與，只需在動物可能經過的路上設置器具，然後在一定的時間間隔後來查看是否捕獲。動態捕獵，就需要捕獵者直接參與，有時候還有獵犬參加捕獵活動。這兩種方式都是為了提高捕獵效率。

最後是採集狩獵經驗的傳授與技能的提升。採集狩獵是人類經歷最長的生計方式。長期以來，各民族在適應自然的過程中不斷與自然進行互動。在此過程中，前人不斷總結自身實踐中獲得的經驗，通過各種方式如使用文字記錄、口頭告之（編成順口溜、諺語）等，讓下一代能很快掌握這些經驗。經驗傳授包括兩種，一是認識自然的能力，二是技能。前者以人們在採菌子中形成的經驗為例。在碧羅雪山兩麓，每年 5 至 9 月是採菌子的最佳時節，五顏六色的菌子琳琅滿目，但絕非都可以食用。於是，人們總結出：異常美麗、色彩斑斕的

菌子多是有毒的，而無毒的菌子多是不起眼的、白色或茶褐色。[18]技能的傳授，包括製作採集狩獵工具、提高射箭準度、辨別動物大小及其經常出沒的地點等。

二　形成採集狩獵文化體系

碧羅雪山兩麓人民在長期的採集狩獵活動中逐漸形成了一套適合於該種生計的文化體系，主要表現在四個方面。

一是掌握生存環境中的各種動植物資源。上面提及人們如何不斷提高認識自然的能力並獲得經驗。在此需要強調的是，生活在特定環境的民族要全面認識所生活的環境中的各種動植物資源乃是長期的過程。就採集而言，需要掌握採集的種類、食用植物的哪一部分（如根、莖、葉或果實）、食用的方法、食物有無毒性、採摘的時間與危險程度等一系列的信息；就漁獵而言，要掌握動物的種類與大小、漁獵工具的製作和使用、採用的狩獵方法、動物經常活動的區域等信息。

二是形成多種採集和狩獵方式。長期以來，生活在兩麓的人民形成了採集兼漁獵的生計方式。採集主要包括採摘野果（堅果）、拾菌子、捕昆蟲、採蜂蜜、燒蜂巢、採野菜和竹筍、挖植物根莖等在內的多種採集方式，狩獵主要包括射箭、挖陷阱、支網、下扣子、支鐵錨、下竹簽、打火槍、置地弩等方式，打漁主要有釣魚、叉魚、網魚、炸魚（炸藥炸）、毒魚、電魚等方式。在各種漁獵過程中，人們還促進了與動物的互動，利用馴養的動物提高捕獵效率，如訓練獵犬撲咬與追蹤獵物、馴養老鷹進行捕鳥和捕魚。

---

18 參見劉怡、芮鴻編著：《活在叢林山水間——雲南民族採集漁獵》（昆明市：雲南教育出版社，2000年），頁31。

　　三是形成共同的認知體系。20 世紀 50 年代前，怒族和傈僳族居民將一年中的季節劃分為：花開月，相當於 3 月；鳥叫月，相當於 4月；燒火山月，相當於 5 月；飢餓月，相當於 6 月；採集月，為大批上山採集的季節，相當於 7 至 8 月；收穫月，收割各種大春作物和忙於秋播，相當於 9 至 10 月；煮酒月，相當於 11 月；狩獵月，時值初冬農閒，動物的皮毛厚、肉肥，相當於 12 月。可見，當地民族對月份的認知和劃分主要以在該月進行何種生計為標準。此外，這種生計的組織活動和動物、植物的自然規律緊密聯繫。

　　四是在採集狩獵活動中，形成了圖騰、禁忌和各種祭祀活動。以圖騰來說，在傈僳族社會裏，各種圖騰遺跡十分豐富。僅在怒江州境內就有虎、熊、猴、蛇、羊、雞、鼠、鳥、魚、蜂、蕎、竹、菜、麻、柚、木、犁、火等 18 個氏族圖騰。[19]這些圖騰都是人類在認知有限的前提下對與動植物之間親緣關係的表達。此外，人們在採集狩獵過程中早已認識到對動植物的保護，而且遵守合理採集、適當捕獵等基本原則。以藏族為例，每個村寨都有自己的神山，大的區域內有更大的神山。例如，德欽境內的卡瓦柏格雪山就是當地最大的神山。一旦被人們公認為神山，則任何人都不得在神山內從事任何活動。這一禁忌有利於對神山區域內植物和動物的保護。另外一種禁忌直接要求當地民族在特定的時間內不允許從事狩獵，如在動物產子的時間不允許進行捕獵，這也是一種合理捕獵的體現。

　　除了圖騰禁忌外，在採集狩獵中人們還會進行各種祭祀活動，如敬山神能庇祐族人捕獲更多的獵物。怒江的獨龍族、怒族、傈僳族在進行狩獵之前都要選擇吉日，選最大的樹木，在樹根前燒香，舉行狩獵儀式，以求捕獵成功。

---

19 參見劉怡、芮鴻編著：《活在叢林山水間——雲南民族採集漁獵》（昆明市：雲南教育出版社，2000年），頁151。

第二節　游牧：民族遷徙與文化傳播

　　游牧「從最基本的層面來說，是人類利用農業資源匱乏之邊緣環境的一種經濟生產方式。利用草食動物之食性與它們卓越的移動力，將廣大地區人類無法直接消化、利用的植物資源，轉換為人們的肉類、乳類等食物以及其它生活所需」[20]。上述王明珂的觀點包含兩層含義：一是游牧文化往往在邊緣性的地域上產生，且農耕文化欠發達；二是充分利用植物資源，發揮草食性動物食用草本植物、善於移動和長途遷徙的習性。餵養草食性動物的優點是在人與自然之間起到了橋樑作用──人不能直接消費植物的根、莖、葉，但可以通過宰殺放養的草食性動物獲得肉類食物。具體來說，游牧的「生態學原理就是在人與地、人與植物之間通過牲畜建立起一種特殊的關係，構成一條以植物為基礎、以牲畜為中介、以人為最高消費等級的長食物鏈。這一點與狩獵生計不無相似之處」[21]。這種方式使不同植物為不同動物提供豐富的食物種類，以便保證整個食物鏈的有機進行。

　　民族學家林耀華從經濟文化類型學說的角度對整個中國的文化做了較為詳細的劃分。他認為，「畜牧經濟文化類型組」的分佈「東起大興安嶺西麓，西到準噶爾盆地的西緣，南到橫斷山脈中段（雲南中部）的廣大地區內，基本上構成一個從東北到西南的半月形畜牧帶」[22]；並進一步指出，屬於這個類型組的有蒙古族、哈薩克族、裕固族、塔吉克族、藏族和部分鄂溫克族、達斡爾族等民族。

---

20 王明珂：《游牧者的抉擇：面對漢帝國的北亞游牧部族》（桂林市：廣西師範大學出版社，2008年），頁3。

21 林耀華主編：《民族學通論》（修訂本）（北京市：中央民族大學出版社，1997年），頁70。

22 林耀華主編：《民族學通論》（修訂本）（北京市：中央民族大學出版社，1997年），頁70。

　　按照經濟文化類型的劃分條件，「畜牧經濟文化類型組」包括 4 個類型，即以部分鄂溫克族為代表的苔原畜牧型、以蒙古族為代表的戈壁草原游牧型、以哈薩克族為代表的盆地草原游牧型及以藏族為代表的高原草場畜牧型。本書所研究的正是以藏族為典型的高原草場畜牧型，青藏高原成為傳統游牧文化底蘊較深的區域。

　　影響高原游牧文化的根本原因是高原氣候，游牧地區往往處於乾旱和半乾旱地帶，降水少且不穩定，氣溫低，很難發展農業。受中國傳統文化「中心」與「邊緣」定式的影響，人們普遍認為農業文明發達地帶處於中心位置，而游牧文化卻受地理因素的影響，只能在邊緣地帶發展。事實上，青藏高原同是人類文明的發源地；不僅如此，青藏高原還孕育了多元的游牧、宗教、藝術等高原文化。正是「地理條件決定了青藏高原的生產方式，雪域藏族群眾唯有選擇畜牧業才有生存可能。古老而智慧的藏族群眾在嚴酷的自然環境下，創造了具有鮮明世界屋脊特色的游牧文化，這是對人類文化的貢獻，是世界文化遺產寶庫中的一顆稀世珍珠」[23]。追本溯源，滇西北、藏東、川西一帶的藏族聚居區，無不受到來自青藏高原游牧文化的影響。但是，青藏高原文化不僅由單一的民族所創造，還受到古羌文化的影響。經過深入研究就會發現，碧羅雪山兩麓區域受古羌文化的影響更為明顯與持久。其主要表現在羌族是中國最古老的民族之一。東漢許慎在《說文解字》中說：「羌，西戎牧羊人也。從人，從羊；羊亦聲。」這說明羌族是主要以養羊獲得生存資料的一個民族。《後漢書·西羌傳》中說，羌人「所居無常，依隨水草，地少五穀，以產牧為業；其俗氏族無定，或以父名母姓為種號」，說明當時的人們以牧羊為主要生產活

---

23 尕藏才旦、格桑本編著：《青藏高原游牧文化》（蘭州市：甘肅民族出版社，2000年），頁1。

動。《風俗通義》亦稱：「羌，本西戎卑賤者也，主牧羊。故『羌』字從羊、人，因以為號。」這更加說明，「羌」是由於放養羊而成為該群體的一個稱號的。

根據考古發現，距今四五千年前在今甘肅、青海、河湟東至陝西涇渭流域的廣大地區活動的先民正是古代的羌人。《後漢書・西羌傳》又載：「西羌之本，出自三苗，姜姓之別也。」也就是說，羌是姜的一種。冉光榮、李紹明、周錫銀所著《羌族史》認為，實際上「羌」和「姜」本是一字，「羌」從人，作為族之名；「姜」從女，作羌人女子之姓。[24]這是根據傅斯年在《姜原》一文所說：「鬼方之鬼在殷墟文字中或從人，或從女。照這個例，⋯⋯地望從人為羌字，女子從女為姜字。」[25]章太炎《檢論・序種姓》言：「羌者，姜也。晉世吐谷渾有先零，極乎白蘭，其子吐延為羌酋姜聰所殺，以是知羌亦姜姓。」[26]而根據歷史傳說，三苗是帝舜時期的一個部族，是黃帝的夏官縉雲氏之後。縉雲氏姓姜，炎帝之苗裔。這裏追溯到西羌的本質，即是上古姜姓部落炎帝後。[27]

漢代之時，羌族主要在甘、青一帶活動，這時進入中原的羌人已基本上與漢族融合，而未進入中原的羌人除部分生活在隴西外，大多散佈於長城以西，特別是河湟地區。[28]這時的羌族依據《後漢書・西

---

24 參見冉光榮、李紹明、周錫銀：《羌族史》，（成都市：四川民族出版社，1984年）頁12。

25 傅斯年：《姜原》，傅斯年著、歐陽哲生編：《大家國學・傅斯年卷》（天津市：天津人民出版社2009年），頁121。

26 轉引自劉凌、孔繁榮編《章太炎學術論著》（杭州市：浙江人民出版社，1998年），頁10。

27 參見陳蜀玉主編：《羌族文化》（樂山市：西南交通大學出版社，2008年），頁2。

28 參見冉光榮、李紹明、周錫銀：《羌族史》（成都市：四川民族出版社，1984年），頁53。

羌傳》記載，「所居無常，依隨水草，地少五穀，以產牧為業」，即主要以畜牧為主，很少有農業。

此後羌族不斷分化，和各地土著相融合。到了唐代，羌族和青藏高原崛起的吐蕃部落的衝突更為頻繁，結果形成了不同的支系，如白蘭羌、成都平原上的「西山諸羌」，這個時候的羌族系統，已經逐步到達岷江上游。根據考古發掘資料，岷江上游不斷發現的石棺葬能證明這一文化傳播現象。

1964 年 3 月 27 日，童恩正被派去阿壩藏族自治州理縣和汶川縣調查石棺葬，均發現新石器時代的遺址[29]，所發掘的器物有石斧、石磷、石鑿、小型石刮刀、劍頭形兩用石刀、石鏟、折石挫、石環等。在汶川縣鎮後山姜維城和理縣薛城區佳山寨發現完整的彩陶容器和殘碎的彩陶片。此次發掘的器物其紋飾和隴西、隴南、四川理縣和汶川縣一帶出土的器物有相似之處。顯然，岷江上游和雜谷腦流域的石棺葬與古羌文化有一定的關係，岷江上游石棺葬可能是古羌人不斷南遷形成的。

1964 年以後，人們越來越關注川西、藏東、滇西北一帶的石棺葬考古發掘，提出了「石棺葬文化」概念。這一階段，大量關於石棺葬的文章和考古文獻發表，如馮漢驥的《岷江上游的石棺葬文化》、馮漢驥與童恩正合著的《岷江上游的石棺葬》[30]、曾文瓊的《岷江上游石棺墓族屬試探》[31]、陳祖軍的《西南地區的石棺墓分期研究──關於「石棺葬文化」的新認識》[32]、徐學書的《試論岷江上游「石棺

---

29 參見林向、童恩正：〈四川理縣汶川縣考古調查簡報〉，《考古》1965年第12期。

30 馮漢驥、童恩正：〈岷江上游的石棺葬〉，《考古學報》1973年第2期。

31 曾文瓊：〈岷江上游石棺墓族屬試探〉，《中央民族學院學報》1984年第1期。

32 陳祖軍：〈西南地區的石棺墓分期研究──關於「石棺葬文化」的新認識〉，《四川考古論文集》（北京市：文物出版社，1996年）。

葬」的源流》[33]等。

童恩正在《試論我國從東北至西南的邊地半月形文化傳播帶》一文中指出，在青海省內，石棺葬的分佈折向了南方，而盛行於青藏高原之東部，包括四川的川西高原、西藏東部的藏東峽谷區和雲南滇西北橫斷山脈高山峽谷；並將此分為「四個亞區」：四川阿壩藏族自治州岷江上游地區、大渡河—青衣江流域、金沙江—雅礱江流域和滇西北橫斷山高山峽谷區，指出滇西北橫斷山高山峽谷區可視為「金沙江—雅礱江流域」亞區石棺葬文化向南的延續，說明兩者之間關係密切。[34]

川西的石棺葬多分佈在金沙江、瀾滄江上游及其支流兩岸的臺地或山坡上，已發現並清理的墓地在雲南中甸[35]、德欽永芝[36]、德欽納古[37]、德欽石底[38]、四川巴塘紮余頂[39]。這些發掘的石棺葬中，陪葬品有陶器、銅器、骨器、石器、綠松石珠、海貝等。相比較，中甸發掘的石棺葬在出土器物上與金沙江中游東部的寧蒗、永勝地區土坑墓所出同類器物有共同之處，但石棺葬的隨葬品形制獨特。根據對該墓地的兩個人骨標本做的碳素測定，中布 M2 距今 2,850±80 年，中布 M6 距今 2,810±80 年，再結合出土器物的情況來看，時代定在春秋時期比較合適。[40]

---

33 徐學書：《試論岷江上游「石棺葬」的源流》，《四川文物》1987年第2期。

34 參見童恩正：〈試論我國從東北至西南的邊地半月形文化傳播帶〉，見《文物與考古論集》（北京市：文物出版社，1986年），頁22。

35 王涵：〈雲南中甸縣的石棺墓〉，《考古》2005年第4期。

36 雲南省博物館文物工作隊：〈雲南德欽永芝發現的古墓葬〉，《考古》1975年第4期。

37 張新寧〈雲南德欽縣納古石棺墓〉，《考古》1983年第3期。

38 王涵：〈雲南德欽縣石底古墓〉，《考古》1983年第5期。

39 童恩正、曾文瓊：〈四川巴塘、雅江的石板墓〉，《考古》1981年第3期。

40 參見中國社會科學院考古研究所實驗室：〈放射性碳素測定年代報告〉（一六），《考古》1989年第7期。

　　從發掘的整體情況看，這些石棺葬的主人都與畜牧或游牧民族有
關。進一步來說，川滇地區（主要是川西地區）的石棺葬文化與甘青
地區新石器時代文化和青銅文化有相似之處。原因如下：一是都有石
棺葬發掘。考古發掘展示新石器時代的甘青地區就有石棺墓的分佈，
而且時代最早當屬馬家窯文化。隨後青海宗日文化、辛店文化、卡約
文化中也有石棺葬。二是都出土了大量的雙耳罐。從甘青地區的齊家
文化發掘情況來看，人們已經開始將雙耳罐作為生活器皿，而且從時
間來看要早於川、滇地區所發現的石棺葬。隨後在四壩、卡約、辛店
等文化中，往往也能看到雙耳罐這一類型的器物。三是出土器物都證
實與家畜有關。牲殉的現象在甘青地區發掘來看很普遍。齊家、四
壩、卡約等文化的墓地中也有牲殉的跡象，隨葬的牲畜大多有馬、
牛、羊、豬、狗等，大體與川滇出土的石棺葬相同。

　　從自然地理環境來看，藏東、川西、滇西北是西藏高原的東南邊
緣地帶，屬橫斷山脈區域，往往是海拔較高、峰巒疊嶂、山高穀深、
落差極大，氣候與植被呈垂直分佈，氣溫多變；這一地帶的經濟、文
化、族屬極為複雜。本地帶的經濟、文化並非全部封閉，各地區間存
在著頻繁交流，幾大河谷更是民族遷徙的孔道。[41]

　　從民族分佈看，垂直氣候特徵適宜不同經濟類型的民族生活在不
同的地理空間。活動在河谷地帶的民族偏重農業、手工業，高山民族
偏重牧業；加之這一地帶正位於「邊地半月形文化傳播帶」[42]上，還
分佈有金沙江、岷江、瀾滄江等南北走向的河流，成為民族遷徙的必
經之地，也是我國歷史上西部各民族活動頻繁、文化衝突和融合明顯
的區域。早在新石器時代的後期，黃河上游氐羌系統的民族即有一部

---

41 參見羅開玉：〈川滇西部及藏東石棺墓研究〉，《考古學報》1992年第4期。

42 童恩正：〈試論我國從東北至西南的邊地半月形文化傳播帶〉，《文物與考古論集》
　　（北京市：文物出版社，1986年）。

分向南遷徙,進入川滇諸省;「其中有的在川西北地方與當地原有的民族雜居,發展了一種農耕而兼畜牧的文化。在定居農業的過程中,他們與羌族的區別日益顯著,從而構成了川西北氐族的先民。以後再從河湟進入當地的羌族,在經濟文化上似乎還受過他們的影響。在秦漢時代,此種文化的傳播已經遍及今阿壩、甘孜兩州和西昌專區的一部分,達到了最為繁榮的階段」[43]。無疑,從石棺葬的發掘來看,迪慶高原上的民族的確受到來自西北游牧文化的影響。

對於青藏高原藏族的游牧生活,有必要在此作簡要介紹。總體來看,整個青藏高原越靠近西緣越發達,越往東越削弱。前面已經提及,藏東一帶、迪慶一隅受游牧文化的影響,但逐水而居、住帳篷的游牧現象實為少見。民國年間鍾秀生的〈藏族平民生活鳥瞰〉一文詳細描述了從事游牧業的牧人的生活情況,指出「康藏等地,因氣候、地勢等關係,形成廣大之牧場。是以藏族同胞,游牧者占全人口二分之一以上,牧場所據之地,大於耕地百倍」[44]。從所描述的內容,我們可以側面瞭解到牧民的基本生活現象,其大概包含了以下兩個方面的內容[45]。

（1）居住條件。進入康藏地區看到的是一望無垠的草原,首先映入眼簾的是無數的羊群、犛牛在休閒自在地吃草;其次是黑如蜘蛛般的帳篷密密麻麻地豎立在草原中間,時而聽到藏獒在犬吠。牧人的生活可以完全獨立,所居住的黑帳篷由犛牛或山羊的毛編織而成。女性負責織成塊狀,再由男性負責縫製成帳篷。帳篷可達 516.7 公尺,一般為長方形,在頂部開 1 公尺半寬的窗天,以便空氣流通。帳篷的

43 童恩正:〈四川西北地方石棺葬族屬試探——附談有關古代氐族的幾個問題〉,《思想戰線》1978年第1期。

44 鍾秀生:〈藏族平民生活鳥瞰〉,《旅行雜誌》1943年第5期。

45 參見鍾秀生:〈藏族平民生活鳥瞰〉,《旅行雜誌》1943年第5期。

中間一般用木架支撐，4 個角分別拉一根繩子到遠處用石頭或木樁固
定，達到穩固帳篷的作用。帳篷四周用石頭壘起來，或用樹枝搭成籬
笆，有時還塗上牛糞，這樣的帳篷一般能容納七八人。這就是游牧者
居住的基本情況。

（2）分工及其閒暇生活。一般情況下，木製器物、衣服、鞋帽
及各種皮製用具均由牧民自己製作，而銅鐵等金屬器物則需要依靠專
門的匠工。牧人的家庭實行分工合作，身強力壯的男子多去放犛牛，
而青年或兒童——不分性別——一般都是放羊，他們外出放牧時還須
自己隨身攜帶午餐。午餐後，壯年男子一般騎馬、賽馬或打獵，兒童
一般比較喜歡數十人聚集在一起講故事、下棋、唱歌、甩石及玩各種
有趣的遊戲，女子一般揣著羊毛進行紡織。在家中工作的人多為婦
女，幼童和老人多從事編毛繩、縫紉、織布、製酥油、烤乳酪等工
作。當藏族人工作時，有些喃喃誦念經文，有些高唱歌曲，很少有不
出聲的。

藏族人一般天不亮就起床，草草洗臉後開始背誦經文，一個人燒
香祈告，求神明保祐人畜。到紅日東升之時，一家人吃完早餐後便開
始各自的工作；午膳則用兩次，即上午九點及下午三點各食一次，牧
人與農夫都會將午餐帶至田野間自用，以免中途要返回家中吃午飯浪
費時間；到下午五六時家人漸漸回來，這一天的工作告一段落。在使
用晚餐時，各自簡單聊聊這一天的見聞或工作情況。晚上則圍坐在爐
旁，家長指示或分派明天的工作；平時也有談笑風生或閒聊故事的時
候。藏族人每天的生活大概就是如此，很少有變化。

上面基本描述了從事游牧業的藏族群眾的家庭結構、人口、住
所、交通工具、男女分工或年齡分工及一天工作的情況，這為我們
瞭解牧民生活勾畫了一幅圖景。

現在，無論是在碧羅雪山東麓的維西、德欽等地，還是在碧羅雪

山西麓的貢山、福貢等地,人們再也看不到游牧的影子。以上描述表明,目前的畜牧業有可能和古代游牧民族之間有著千絲萬縷的聯繫,人們通過長期和自然界的互動,逐漸從原始的遷徙不定的採集狩獵生活走向半農半牧兼有其它生計的生活。

第三節　畜牧業:轉場放牧

　　如果民族的遷徙、族群之間的互動,給滇西北碧羅雪山兩麓人民帶來游牧文化的基本元素,那麼能維持畜牧業這種生計的原因歸根結底是自然氣候因素起到了關鍵性的作用。不可否認「游牧是在特定環境中,人們依賴動物來獲得主要生活資料的一種經濟手段」[46]。地理條件決定了青藏高原的生計方式,雪域高原的藏族唯有選擇畜牧業才有長期維持生存的可能。鄭逸蘋在描寫西康的畜牧經濟時提及畜牧業是西康經濟的主要來源,一般「在四千公尺至五千公尺之地,即為西康之高原部分,約占全面積之十分之五,甚不適宜於各種農業作物之繁殖」[47],大部分面積僅適合於畜牧業的發展。古老而智慧的藏族在嚴酷的自然環境下,創造出了具有鮮明世界屋脊特色的游牧文化,這是對人類文化的貢獻,是世界文化遺產寶庫中的一顆稀世珍珠。[48]

　　綜觀碧羅雪山兩麓的畜牧業情況,可以從地理環境、氣候、海拔等自然因素進行分析,顯然碧羅雪山兩麓地區具備這些條件,適合發展畜牧業。海拔「高三千公尺以下的河谷方可言其耕種,而此河谷地

---

46 王明珂:《游牧者的抉擇:面對漢帝國的北亞游牧部族》(桂林市:廣西師範大學出版社,2008年),頁7。

47 鄭逸蘋:〈西康與畜牧〉,《中國建設》1936年第13卷第6期。

48 參見尕藏才旦、格桑本編著:《青藏高原游牧文化》(蘭州市:甘肅民族出版社,2000年),頁1。

僅得全康面積十之二三，且被絕壁斜坡占去大部，可耕之土，又僅得十之二三，森林及裸岩占十之七八，是故西康糧食奇之，至於不能供給每方公里一人之需要」[49]。地理和氣候條件嚴重限制了農業的發展，除了海拔在 1,000 至 3,000 公尺內的土地基本能從事農業耕作外，其餘未能從事農業生產的草原放牧用地佔有很大的比例。[50]因此，西康之地難以發展農業，使得畜牧業成為西康經濟的主要收入來源。從另一個角度來看，藏族聚居區畜牧業的發展還有物質本身的需要與文化的內在要求兩個方面。

（1）生存的需要。該區域多為藏族，即便有少數的其它民族，由於深受藏族的影響，飲食習慣上也逐漸和藏族相同。這就導致人們普遍以牛羊肉為主要食物來源，以保證纖維素的攝取。食料主要靠奶渣、酥油等乳製品，這樣「方能保持體力，以御高寒，並用牛羊毛皮做衣，至於居住的帳篷，亦用牛羊毛揉成之細線織之」[51]。可謂，衣食住行樣樣離不開牛羊。奧德雷‧查理茲就曾指出：「攝取營養作為一種生物過程，比之性生活更為根本。在有機個體的生命過程中，它是一種更為基本、周而復始得更快的需求；相較於其它生理機能，從更為廣泛的人類社會的角度來說，它更能決定社會群體的特性，以及其所採取的生活方式。」[52]人們出行因受懸崖峭壁、高山險阻、峽谷縱深、道路艱險、跋涉艱難等條件制約，牲畜成為交通的主要工具，馬、騾是常用的運輸和出行工具。喜馬拉雅山部分地區則有時會用體型較大的羊來運輸鹽，一般一次能運 15 至 20 千克，而騾或馬一次能駄運 80 至 150 千克。

---

49 鄭逸蘋：〈西康與畜牧〉，《中國建設》1936年第13卷第6期。

50 同上。

51 鄭逸蘋：〈西康與畜牧〉，《中國建設》1936年第13卷第6期。

52 轉引自〔美〕西敏司著，王超、朱建剛譯：《甜與權力——糖在近代歷史上的地位‧中文版序言》（北京市：商務印書館，2010年），頁15。

　　（2）文化上的影響。這主要表現為藏族信仰藏傳佛教。眾所週知，喇嘛教徒在供奉佛祖、家有大小紅白之事、生病做佛事等亦需要大量酥油，這些需要人們養很多的奶牛。除此之外，藏族人熱情好客，重大傳統節日「烹羊宰牛且為樂」，無不與牲畜有關。總體來看，畜種主要有馬、牛、羊三大類。馬類可分為馬、騾子、毛驢，由於地勢所限，一般不養驢，以養馬、騾為主，但騾必須有驢進行配種；牛可分為犛牛、黃牛、犏牛三種；羊主要是綿羊和駒羊兩種。除此之外，家畜有豬、狗等。牲畜的數目是很大的。民國期間統計顯示，西康大約有牛 600 萬頭、羊 800 萬隻、馬 20 萬匹、騾 10 萬餘頭、毛驢 3 萬頭、豬數萬頭。[53]

　　時至今日，人們越來越認識到游牧文化是畜牧業的起源，游牧者是馴養動物的最大功勞者。古老的游牧民族在馴化野生動物上創造了奇跡。就野犛牛來說，體格高大健壯，身長可達 3 公尺，體重超過人類 10 倍，在千斤以上，力大無窮，剽悍兇猛；其肉鮮嫩可食，營養豐富，皮可以製成氈帽或氈子，絨可紡織高級呢絨。桀驁不馴、兇悍暴躁、富有進攻性的野犛牛，最終還是被人類馴化了。[54]唐代李延壽所撰《北史》載有「飼養犛牛、羊、豕以供其食」，說明唐之前已經成功馴服了野犛牛。任乃強認為，藏羊是羌族馴養最成功最早的家畜。羌族又是最早把這種古代野羊改良成綿羊的民族。[55]羌族不但早在中原文化誕生前就已經成功馴養牛羊，而且在殷周之際，把犛牛與黃牛雜交，繁殖出犏牛這樣的新型家畜。[56]馴養動物似乎是古代游牧民族的另一個重要的職業。

---

53 參見鄭逸蘋：〈西康與畜牧〉，《中國建設》1936年第13卷第6期。

54 參見尕藏才旦、格桑本編著《青藏高原游牧文化》（蘭州市：甘肅民族出版社，2000年），頁9。

55 參見任乃強：《羌族源流探索》（重慶市：重慶出版社，1984年），頁19-20。

56 同上，頁22。

　　無疑，畜牧業在一定程度上是游牧文化的繼承和發展。游牧生活要逐水草而居，趕著牛羊實行季節性遷徙；游牧生計使人們不斷適應環境，包括更換草場與掌握天氣。不管是游牧業還是現在的畜牧業，都必須處理動物和食物來源之間的關係。即牧人必須掌握自然環境及牧畜動物習性的知識，以發展適當的游牧技術與節奏。[57]其原因在於三個方面。一是季節性氣候的影響。有些高海拔的草場，10 月末開始進入降雪期，無疑給放牧帶來了困難，有時候更會引發災難性後果。對此，人們如遇上降雪期，會將牛羊趕到海拔低的河谷地帶。二是協調農業和畜牧業的需要。一般情況下，5 至 10 月正是農戶莊稼生長和成熟的階段，河谷臺地土地資源珍貴，不可能騰出更多的土地來進行放牧，這樣農業土地和放牧場地之間就產生了矛盾；如果達不到平衡，就會出現牛羊糟蹋莊稼的情景。這種矛盾最終還會轉變成牲畜和莊稼主人之間的矛盾，如何賠償成為最終需要解決的問題。有時候也有人出於鄰里之間的考慮，不會提出賠償，但是次數多了，肯定會影響彼此之間的關係。基於這種情況，在這個階段絕大多數牲畜都被趕到高山牧場，幾家的牲畜統一起來由一個人來照看，各家只需要定時提供人和牲畜所需的糧食、飼料即可。而到了 10 月以後，莊稼已經收割完，在氣候不允許再種植的情況下，多數土地開始閒置，這個時候將高山牧場上的牛羊趕下山，即可利用這些土地進行放養，各類農作物的莖葉剛好為牲畜提供飼料。到了第二年 5 月左右又要種植莊稼時，高山上的積雪開始融化，小草開始發芽，又到了把牲畜趕上牧場的時節。三是畜牧的品種應適應自然環境，才得以揚長避短。「犛牛耐粗飼、有耐力，在泥沼、雪地、險陡的山路上能行走自如，

---

57 參見王明珂：《游牧者的抉擇：面對漢帝國的北亞游牧部族》（桂林市：廣西師範大學出版社，2008年），頁7。

而且負載量大，長途運輸、搬遷帳房全靠犛牛，在不少地區，犛牛還被調馴為騎牛，供放牧、搬家、交際時騎乘。」[58]但是，犛牛是一種適合在高海拔地區生活的動物；相反，將其趕到低海拔地區飼養，它們易生病、無活力，甚至失去繁殖力。[59]所以，現在有經驗的商人到藏族聚居區購買犛牛，一般交易成功後，不會立即將犛牛運到低海拔地區，而是逐漸從高海拔到低海拔地區放養，待其適應了低海拔地區的氣候條件後才運送到目的地。人們在放牧的過程中還總結出了犛牛在氣溫高的地方不能大負荷勞動的特點，否則易發狂而死。犏牛則比較耐勞耐熱，故凡是在高原長途運輸需要翻越溫暖的河谷時，一般只用犏牛，不用犛牛。[60]「羊，山羊與綿羊，各品種的山羊與綿羊，都有其特殊動物性以生活在特定環境中。羊的品種多，廣泛分佈在各種緯度的游牧類型中，因而它們成為對牧民或對全人類最有貢獻的一種牧畜。我曾在內蒙新巴爾虎地區觀察『出冬場』（牧畜移往春季草場），那時的夜間氣溫是攝氏零下 28 度。」[61]這說明了游牧文化中的動物也在不斷地適應環境，且不同種類的牲畜適應不同的環境。

在德欽縣，茨中村是茶馬古道的必經之地。來自滇西的商人和藏族商人長途跋涉地進行南北貿易，就是用馬、騾組成馬幫駄運交換品的。例如，滇西、川西的鹽、茶、布匹，西藏的毛皮一類，都是用馬、騾作為交通工具的。西藏鹽井所產的鹽，自明清以來，一直靠馬來運輸；茶馬古道鼎盛時期，可謂人馬不絕，馬鈴不斷。

游牧文化的經驗，無疑對當今的畜牧業產生了深遠的影響。如果

---

58 尕藏才旦、格桑本編著：《青藏高原游牧文化》（蘭州市：甘肅民族出版社，2000年），頁5。

59 同上，頁9。

60 參見任乃強：《羌族源流探索》（重慶市：重慶出版社，1984年），頁22。

61 王明珂：《游牧者的抉擇：面對漢帝國的北亞游牧部族》（桂林市：廣西師範大學出版社，2008年），頁1。

一定要對著牧民喋喋不休地問很多個為什麼，或許答案會讓發問者失望。牧民往往很無奈地看著你，最後來一句：「沒有為什麼！」這些經驗是牧民在長期放牧的過程中總結出來的，似乎沒有那麼多的「為什麼」。今日德欽的茨中村、貢山的丙中洛和捧當鄉一帶的畜牧業，長期以來都表明了人畜對環境有較強的適應能力。為了適應碧羅雪山的氣候，人們從 5 月開始把牛、羊、馬、騾趕到位於碧羅雪山兩個高山之間的牧場。

　　2012 年 8 月上旬，筆者從丙中洛鄉到捧當鄉的迪麻洛村，翻越碧羅雪山，在行程中經過了兩個牧場。翻過 3,400 公尺的高山後，進入第一個牧場——色窪隆巴牧場。這是迪麻洛村的牧場，海拔為 2,670 公尺，大約有 20 戶（每戶 1 人）人家的牛羊在此放養。其後再一次爬山，翻越 3,840 公尺的山脈，進入第二個牧場——杜窪紮楚牧場，該牧場屬於茨中村。到了 10 月，大雪來臨之前，村民不得不把牛羊趕下山。不過，好在此時壩區的作物已經收割完，有足夠的空間來放養從山上趕下來的牲畜。

　　貢山怒江兩岸的怒族、獨龍族人過江或過河，只能靠溜索與豬槽船。但是，在坡陡的山路上運送糧食、山貨、木材等，只能靠馬、騾。迪麻洛村到新科牧場，需要一天的時間，牧場和村落之間的往來全靠馬和騾子，上牧場馱的是人畜必需的糧食、食鹽、油，下山馱的是牧場所制的酥油。酥油一般是由高山放牧者用擠到一定量（一桶 20 公斤）的牛奶親自做成的。

　　現在，隨著交通不斷地延伸到僻野之地，村村通公路，寨寨相連接。鄉鎮一級的公路一般都鋪上了柏油路面。慢慢地，馬、騾很難再有用武之地，飼養的人也少了。只有在公路未通、道路難走的自然村，還有一些人在放養馬、騾。這一切都是因人類環境的變化不斷隨之改變的結果。

第四節　農業生計與土地所有制

一　土地是農業的基礎

　　無論是採集狩獵、游牧、畜牧，還是農業生計，都與自然環境有著密切的關係。若暫不論氣候、海拔、氣溫、濕度等自然條件對農業生計的影響，則土地所有權對農業生計的影響是根深蒂固的。因為從事農業生產活動是在一定的土地上進行的，沒有土地作為前提，農業就無從談起。「土地是一個大實驗場，是一個武庫，既提供勞動資料，又提供勞動材料，還提供共同體居住的地方，即共同體的基礎。人類素樸天真地把土地看作共同體的財產，而且是在勞動中生產並再生產自身的共同體的財產。每一個單個的人，只有作為這個共同體的一個肢體，作為這個共同體的成員，才能把自己看成所有者或佔有者。」[62]這段話包含了三層含義：一是土地是人們進行任何農業活動的場所，不管是採集狩獵、游牧、農業，還是工業生產，土地總是人類賴以生存的基礎，即共同體的基礎；二是土地不僅為人類提供了勞動場所，還提供了勞動資料和各種生態資源；三是人類自古以來把土地作為共同體活動時所擁有的一種財產，只有作為共同體的成員，才能把自己視為土地的實際佔有者。總而言之，人不能脫離土地而存在，土地的所有權應歸社會共同體所有而不是歸個人私有。

　　農業是建立在一定土地上的，對千百萬農民而言，「土地比命還重要」，沒有土地，農民難以維持生計。因此，自古以來為土地而發生的鬥爭和案件數不勝數。「土地本身，無論它的耕作、它的實際佔有會有多大障礙，也並不妨礙把它當作活的個體的無機自然，當作他

62　《馬克思恩格斯全集》（第46卷上冊）（北京市：人民出版社，1995年），頁472。

的工作場所，當作主體的勞動資料、勞動對象和生活資料。一個共同體所遭遇的困難，只能是由其它共同體引起的，後者或是先已佔領了土地，或是到這個共同體已佔領的土地上來騷擾。」[63]土地往往成為部落之間爭奪的對象。這是因為部落共同體的擴大和發展必然導致對其它部落氏族的進攻，目的無疑是為了擴大地盤，佔有更加廣泛的土地資源。此外，「農耕生計開闢了把勞動直接注入生態系統的途徑，使人類可以通過強化勞動和改進技術來放大或增加生態系統的輸出功率，從而在生產力和勞動產品之間第一次建立起並行發展的正比例關係。以此為基礎，人們不僅能安居樂業，而且能積聚財富，發展技術，創造出前所未有的文明」[64]。農業得到發展，是人類社會從游牧走向定居的標誌。

二　碧羅雪山兩麓農業不發達的原因

農業生計不僅是農民生產糧食的主要方式，以農業為基礎的農業稅一度是國家稅收的主要來源。遺憾的是，到目前為止有關中國農業方面的史料記載極為缺乏。正如法國昆蟲學家法布林所說：「歷史讚美把人們引向死亡的戰場，卻不屑於講述使人們賴以生存的農田；歷史清楚知道皇帝私生子的名字，卻不能告訴我們麥子是從哪裏來的。這就是人類的愚蠢之處。」[65]英國一位研究中國農業史的學者同樣認為：「中國幾千年的封建社會，積纍了非常豐富的農業生產經驗和農業科學知識，正是這樣傑出的農業系統哺育了燦爛的中國古代文化，

---

63 同上，頁475。
64 林耀華：《民族學通論》（修訂本）（北京市：中央民族大學出版社，1997年），頁93。
65 轉引自游修齡編著：《農史研究文集》（北京市：中國農業出版社，1999年），頁198。

為什麼中國的史書儘管浩如煙海卻對農業科學幾乎全不提及。」[66]這
不得不承認是種遺憾。

在研究碧羅雪山兩麓的農業情況時,如同上述情況,很難找到農
業方面詳細的記載,涉及有關土地制度、所種植的作物類型寥寥無
幾,往往只能依靠地方志零星的記錄,如同顯微鏡下的微小細胞,只
有不斷仔細尋找,才有可能發現關於農業方面的蛛絲馬蹟。造成這種
結果的原因,應該有三個方面。

(一)自然地理條件

一是藏東的昌都一帶及雲南的滇西北迪慶高原,農業無疑受自然
地理條件的限制;歷史上,農業只在零星的河谷地帶進行,何談農業
有較大的發展。有文本談及怒江峽谷的農業是落後的根源。據《菖蒲
桶志》記載:

> 菖屬各種夷人,異常懶惰,不事生產。以農業言,傈僳、曲
> 子,每年只種雜糧一次,古宗、怒子雖每年種雜糧兩次,然一
> 家之計,均不能足。每屆青黃不接之際,大半苦於無糧,仰屋
> 興嗟,忍饑耐餓,以俟糧熟,成為習慣。足食之家,全境不過
> 數戶。森林天然所產,毋庸人種。因菖屬土質相宜,雨雪又
> 多,山場寬廣,林木極為繁多,幾無隙地,因交通不便,不值
> 一錢。……設治後,官署見其生計薄弱,極力勸令種植小春,
> 盡係陽奉陰違。[67]

---

66 同上。

67 菖蒲桶行政委員公署編纂:《菖蒲桶志》,見李道生主編《怒江文史資料選輯》(第
十八輯),政協雲南省貢山獨龍族怒族自治縣委員會、政協雲南省怒江傈僳族自治
州委員會文史資料研究委員會1991年刊印,頁35。

　　鑑於這樣的情形，幾任貢山行政委員都努力引入各種作物種子，試圖改變貢山的農業情況。

> 民國十二年，經梁委員之彥購辦豆麥子種，發給三、四區。勸令播種，終歸無效。民國二十年，電陳委員作棟，又由維西岩瓦購辦蠶豆、大麥十餘石，經陳委員應昌發給三、四區人民，勒令栽種，嚴定賞罰。現經查勘，均已播種出芽，此後三、四區小麥必能成效。民國十七年，電姜委員和鷹購備棉種，發交打拉火頭試種，因水過多，芽苗出土即爛，毫無效果。紅薯、洋芋、花生等，試驗種植，均屬相宜。迄今統計，紅薯每年可得數百斤；洋芋則一、二兩區盡皆種植，數難估計；花生每年可得千斤。[68]

　　上述資料說明，怒江峽谷一帶的怒族、傈僳族、獨龍族等民族，直到民國時農業還處在較低水準。而且，在文獻中還未發現有玉米的種植，也就是說這個時候玉米還極有可能未引入。

（二）人文地理位置特徵

　　各種政治勢力的鬥爭阻礙了農業的發展。鹽井、迪慶、怒江三地均長期處於政教合一制度的控制下，稅收苛刻，各種勢力相互勾結，土地所有權一直被土司、寺院、貴族佔有，帶有極強的封建土地制度色彩，使得人們無法在土地上施展，農業毫無起色。因此，土地所有權不是如人所願的「耕者有其田」，而是受政治和社會等因素的制約。

---

68 菖蒲桶行政委員公署編纂：《菖蒲桶志》，見李道生主編《怒江文史資料選輯》（第十八輯），政協雲南省貢山獨龍族怒族自治縣委員會、政協雲南省怒江傈僳族自治州委員會文史資料研究委員會1991年刊印，頁35。

　　大體來說，該地區在 6 世紀以前處於部落和氏族社會，由於資料缺乏，很難準確描述人們放牧兼採集狩獵的生活。唐代，吐蕃和南詔都是由奴隸主進行統治的，他們以掠奪人口為務，不斷地通過戰爭進行野蠻的人口掠奪，並將掠奪的人口用於贈送和交換。所以，直到 9 世紀末，迪慶高原一帶還停留在奴隸社會階段。

　　吐蕃和南詔之間的貿易主要是牛與羊，從這點來看，當時的生計還以畜牧業為主。[69]元代以來，迪慶歸西番宣慰司管轄，在民族地區和邊疆上，元代中央王朝採用了「因其俗而柔其民」的方法。當時的中甸分為 3 個宗卡，而宗卡就是後來的縣，只是當時的縣範圍較今天的要小；宗卡之下就是屬卡，是在農村公社之上逐漸發展成為基層的一個組織，該組織還一直延續到解放，並制定了一整套的制度。[70]

　　在 1950 年西藏解放以前，昌都地區還處於等級鮮明的封建社會。按照在社會經濟結構中的地位，可分為農奴主階級和農奴階級兩大陣營。前者以佔有土地所有制為目的，無償佔有或剝削農奴的勞動力；而後者只能任憑前者宰割。根本原因在於，農奴沒有土地所有權，喪失了勞動權利，只能靠出賣自己的勞動力為生。從 1964 年中國社會科學院民族研究所西藏少數民族社會歷史調查組所編《昌都地區社會調查材料專冊》（初稿）來看，西藏解放前期，其封建農奴制有以下三個特點：①政教合一。呼圖克圖的采邑，以及土司、貴族割據的地區，在經濟制度、土地所有權觀念和農奴對領主的身份依附關係上有很大的獨特性。②本區由於地理環境、氣候和其它方面的特點，造成農牧交錯、沒有大片可耕地的情況，因而沒有出現貴族、寺廟經營的大莊園經濟。土地多交給差巴、俄惹（呷雜）去分散經營，

69　參見王恆傑：《迪慶藏族社會史》（北京市：中國藏學出版社，1995年），頁43。

70　參見王恆傑：《迪慶藏族社會史》（北京市：中國藏學出版社，1995年），頁47。

也形成各地地租、勞役的不平衡性。除少數宗外，差巴的人口和使用的土地佔有多數。③三岩宗的部分寺院土地已形成封建佔有形式，有的寺院還使用農奴生產，但都沒有實現全宗的統一。世俗頭人、群眾以血親「帕措」為單位佔有土地。土地買賣自由，但價格昂貴，同時，因為習慣的約束，故買賣極少。[71]

上述文獻揭示了地方政權以政教合一為主，各種勢力均佔有土地。20 世紀 50 年代昌都地區的調查資料顯示，只占總人數 1.59% 的地方頭人，卻佔有總耕地面積的 23.33% 的土地；而占人口總數 86.07% 的差巴和呷雜兩個階層，只占 53.89% 的土地。[72]此外，本區有洛渝、僜人、獨龍（俅）、門巴等人數更少的部族。這些部族的社會階級分化還很不明顯。洛渝、僜人等可能停留在原始氏族公社階段，獨龍（俅）族多居住在中國、印度、緬甸未定界限內，他們保持土地共有及共同耕作、平均分配的氏族公社制度。

（三）土地佔有形式

就土地佔有的形式而言，碧羅雪山兩麓存在以下三種方式[73]：

一是寺院佔有土地的形式。就是在一個宗內，寺院實行政權和教權的統一。寺院各紮倉及下屬的小寺院各自佔有一份土地，同時還以政權形式佔有差地。寺院的僧侶執事和世襲貴族又得到一部分土地的暫時佔有權和世襲權。但是，土地的真正所有權歸呼圖克圖個人所有。一般寺院，即未受封號的活佛所在的寺院，也佔有一定的土地。這種寺院幾乎全區都有，唯一區別的是只能享有使用權，沒有土地所

---

71 參見中國社會科學院民族研究所西藏少數民族社會歷史調查組：《昌都地區社會調查材料專冊》（初稿），1964年10月刊印，頁35。

72 同上，頁18。

73 同上，頁36-39。

有權。一般寺院的土地來源有：「信徒的布施、捐獻地；僧尼的奉獻地；佔有或受贈送的死絕戶的遺地；最高領主的封賜地；寺院初建時，由當地藏政府撥給的部分差地；差巴的投靠地；差巴因缺種子或其它原因無力經營時，租給寺院的土地；差巴因欠債抵押給寺院的土地；寺院利用權力（如利用調解糾紛，強佔當事人的土地）或假證據、假賬等，霸佔差巴的土地；寺院自行開墾的土地等多種。」[74]總之，寺院有多種土地來源，經過出租給差巴或呵雜來獲得收入。在貢山的丙中洛，寺院佔有的土地，水田 95.5 架（約 191 畝）（1 畝＝0.066 6 公頃，下同，不再標注）、牛犁地 249 架（約 498 畝）、鋤挖地 5 架（約 10 畝），除自耕（實際為當地農民代為耕種）8 架（約 16 畝），其餘都是租給農民耕種。喇嘛寺總體佔有全村耕地面積的 34.7%，約占固定耕地面積的 40%，占牛犁地的 40.5%，占水田面積的 76.4%。[75]

二是貴族佔有土地的形式。具體可分為四種情況：

（1）貴族「甲波」佔有方式。

根據調查組的判斷，本區（昌都一帶）在唐宋之際建立在家長奴隸制基礎上的部落酋長就是割據地方的統治者。這些酋長的名稱如「甲波」（土司頭人，意為「王」）、「德哇」、「德巴」（「德哇」和「德巴」意為部落首領和族長）等。

（2）三十九族軍事組織和地方行政合一的貴族佔有方式。

（3）活佛世家、陪臣佔有方式；政教合一的宗、呼圖克圖的家族及其有功的陪臣，可以被封賜或併吞一部分土地，成為貴族世家。

---

74 參見王恆傑：《迪慶藏族社會史》（北京市：中國藏學出版社，1995年），頁39。

75 參見雲南省編輯組、《中國少數民族社會歷史調查資料叢刊》修訂編輯委員會：《傈傈族怒族勒墨人（白族支系）社會歷史調查》（北京市：民族出版社，2009年），頁43-44。

（4）世襲頭人佔有方式。

　　貴族的土地來源主要是：內地王朝或藏政府的賞賜，霸佔絕後戶或逃亡戶的土地，欠債戶的抵押地，由婚姻關係得來的土地，買賣所得的土地以及薪俸地。

　　三是藏族政府直接領有土地的形式。這是因蒙古族固始汗佔領本區以後，牧區由騎兵駐紮直接管轄，將農區的大部分送給達賴喇嘛以後，這些地方就成為藏政府的直接轄地。各宗土地都屬最高領主，由西藏政府派宗本管理差稅和行政事宜；宗以下頭人由宗本任免，也有少數是世襲。

　　迪慶藏族社會在封建農奴制下，情況與昌都地區相同。只是農民從喇嘛、領主和貴族或他們控制下的屬卡中領取份地。屬卡成員都可以領到門戶地，承擔門戶責任。唯一不同的是，屬卡中取得的份地只有使用權，沒有轉讓、典當和買賣權，也就是沒有絕對的所有權。[76]

　　綜上所述，影響碧羅雪山兩麓的農業發展有三個原因。首先，該地區歷史上長期處於政教合一的制度下，封建領主、寺院喇嘛、王權貴族佔領了大量的土地，嚴重限制了農業的發展。其次，有地理環境的因素，地勢險要、坡度較大、海拔高、溫度低、降水量少，都使農業難以發展起來。從1811年直到民國期間，傈僳族還有「耕種擇山地之膄者，砍其樹而焚之，即施種子，種不用肥料，謂之刀耕火種，且今年居此，明歲徙彼」[77]的生活，處在刀耕火種、「懇（墾）山而種，地脊則去之，遷徙不常」的原始階段。生活在中甸的納西族，試圖發展農業，卻遇上「無水利可修，土人開渠種稻，屢試無成」[78]。

---

76 參見王恆傑：《迪慶藏族社會史》（北京市：中國藏學出版社，1995年），頁237。

77 〔民國〕《中甸縣志稿》，《民族問題五種叢書》雲南省編輯委員會編：《納西族社會歷史調查》（昆明市：雲南民族出版社，1983年），頁165。

78 同上，頁164。

最後，農業難以發展還與該地區長期處於多民族衝突地帶有關。吐蕃從青藏高原順金沙江自北向南擴充以來，不斷和唐朝、南詔處於征戰狀態；宋代偶有平息，末期在蒙古族將領成吉思汗的領導下，佔領了迪慶高原；明代，長時期處於木氏土司的控制下，其野心勃勃，曾在萬曆年間佔領了整個雲南藏族聚居區以及四川巴塘、理塘、西藏鹽井一帶。無疑，該地區在新中國成立後農業才得以全面發展。

三 碧羅雪山兩麓農業發展概況

由於上述影響農業發展的原因，直到清末，無論是昌都的鹽井還是迪慶高原，農業發展緩慢。農作物的種類都比較單一，只適合種植耐寒耐旱的作物，主要以青稞為主，小麥、蕎麥、豌豆、圓根次之。海拔不同，氣溫不同，農作物的種類也有差異，播種及收割季節也不同。一般而言，青稞、豌豆、蕎麥的成熟期為 120 天，小麥的成熟期為 120 至 150 天，圓根的成熟期為 90 天。二是農業的生產工具和耕作技術落後。鹽井一帶的農業工具有犁（主要分鐵鏵木犁和純木質犁，且後者較多）、木耙、鋤頭、兩齒耙、斧頭、刀、木鉤、打青稞板、砍刀等。工具主要由當地的木匠師傅自造，有時候要從雲南運入犁、鋤、斧頭等。

中甸一帶，民國《中甸縣志》載：「其江邊一境，雖略有水田，而地僅金沙江左岸之一線，為數不多。」又載：「江邊境天時溫和，五穀皆產，霜降後播種，立春四月收穫。四月朔播穀，霜降後收穫。」[79] 這時的中甸金沙江沿岸已經有水稻的種植，只是較小規模；

79 轉引自許鴻寶、王恆傑：《納西族史料彙編》，《民族問題五種叢書》雲南省編輯委員會編：《納西族社會歷史調查》（昆明市：雲南民族出版社，1983年），頁165。

而影響水稻種植的關鍵因素是水資源，雖然有大江大河，但是沒有現代的抽水技術引水灌溉導致「中甸無水利可以修，土人開渠種稻，屢試無成」[80]。

　　相對於西藏鹽井和雲南德欽等地區，生活在怒江的怒族、獨龍族、傈僳族等民族農業技術更為低下，主要表現在工具的使用上。這是因為生產工具是生產力水準的標誌，也是最活躍的因素。民國李生莊在滇西北等地調查，記有：「其（傈僳族），器具之屬於木器者，有木甑、木盆、木盌、木箱、木桶、木槽之類；屬於石器者極少；屬於竹器有竹筒、竹箕、竹筐、竹盒之類；屬於陶器者多為漢人所制。」[81]又載：「（怒子），所用器具，與栗粟略同。」[82]與此同在一個區域內的獨龍族（曲子、俅子），還過著刀耕火種的生活，「曲子因無農器，故栽植法甚簡陋，大抵平常栽植，不用鋤耕，惟將樹木茅草，砍伐曬乾，焚之成灰，散灰於地，厚約數寸，於是以竹錐地成孔，點種包，……名曰刀耕火種」。[83]民國《維西縣志稿》也記載：「傈喜山居，其耕種擇山地之腴者，砍其樹而焚之，即施種子，種不用肥，謂之刀耕火種。」以上均描述了當地的傈僳族、怒族、獨龍族在生產力低下的情況下，生活在不耕地、不施肥、不鋤草的刀耕火種時代，還處於原始社會的形態。

　　該耕作技術落後地區的人們在長期的實踐中已經懂得，土壤肥力由於連年耕種逐漸下降，為了能保持土壤的肥力和所含的礦物元素，

---

80 轉引自許鴻寶、王恆傑：《納西族史料彙編》，《民族問題五種叢書》雲南省編輯委員會編：《納西族社會歷史調查》（昆明市：雲南民族出版社，1983年），頁165。

81 李生莊：〈雲南第一邊區域內之人種調查〉，《雲南邊地問題研究》（昆明市：雲南省立昆華民眾教育館1933年刊印），頁143。

82 同上。

83 李生莊：〈雲南第一邊區域內之人種調查〉，《雲南邊地問題研究》（昆明市：雲南省立昆華民眾教育館1933年刊印），頁169。

已經開始使用輪作和休作的方式。所謂輪作，就是針對較好的土地，
第一年種青稞，第二年種小麥，第三年又種青稞；也有的採用第一年
種圓根，第二年種青稞，第三年又種圓根；這樣的方式不僅僅只有這
幾種。休作，就是針對土壤肥力較差的土地，第一年種青稞，第二年
種小麥，第三年休種；特別貧瘠的土地，甚至採用種一年、休一年的
方式。

　　新中國成立以後，各地先後得到解放，土地所有權逐漸收回到國
家和集體手中。土地承包制的實現，極大地鼓舞了農民的信心，農業
得到了發展；特別是到 21 世紀初，包括取消農業稅、土地補助的各
種政策隨之而來，農業相對來說得到了較大發展。需要指出的是，政
策導向在不斷起作用，當地的農民也不斷認識到土地的重要性，兩麓
在種植的種類上已經沒有太大的差別，傳統的青稞、小麥、玉米依然
是農作物的主角，僅在食物的加工和食用的方法上受自身文化的影響
而有所差異。現階段農業的具體情況，將在第四章進行論述。

第三章
多元生計的形成及其中介（下）

第一節　傳統製鹽業：生理需求與族群互動

　　如果說採集狩獵、畜牧、農業是人類從自然界獲取物質資料的常規生計方式，那麼鹽業獲取資料的方式似乎有些特別。不但如此，歷來青藏高原整體上鹽的來源途徑少，這與西藏沒有形成集中的專業製鹽鹽場有關。因此，鹽對於生活在青藏高原的藏族群眾來說極為珍稀，可稱得上是「生命之鹽」。

　　對於人體一年內到底需要多少鹽，「夫食鹽多寡，雖人無定額，然大抵每人每年食鹽十斤，作為平均數」[1]；學者通過研究，基本認為中國人均每人每年約消耗 10 斤鹽[2]。新加坡學者姜道章認為，清代，中國平均每人每年食鹽量為 13 斤。華南、華中因氣候溫濕，出汗較多，對鹽的需求量較高，其平均則需 14 斤；在西南地區則為 13 斤；華北地區因氣候乾燥且北方人食肉較多，需鹽量較少，平均每人每年為 12 斤。[3]這是有關中國整體上每年每人消費食鹽的大體情況。不過，有時人畜使用的鹽很難分開，因此不一定準確，但是對瞭解人類對鹽的需求情況而言非常重要。

1　鹽務署鹽務稽核總所編：《中國鹽政實錄‧第一章「總敘」》（第1冊）（臺北市：文海出版社，1979年）。
2　參見姜濤：〈食鹽與人口〉，《中國經濟史研究》1994年第3期。
3　參見吳海波、曾凡英：〈中國鹽業史：學術研究一百年〉（成都市：四川出版集團，2010年），頁196。

　　一般情況下，鹽以液態方式存在於自然界中，其中大海中鹽的含量最高。青藏高原僅有少量的湖泊形成池鹽，因此不可能有大中型鹽場，更不能與海邊進行工業化製鹽的產地相媲美。西藏的鹽以湖鹽和池鹽、井鹽、岩鹽的方式零星地分佈在各個區域，總體上西藏地區一直以來沒有形成大規模的製鹽產業，其特點是分佈零散、產量低、規模小。鹽業生產不發達是因西藏地理環境特殊、經濟發展落後所致，也使得西藏成為歷代中央政府從未實行鹽政管理的較少區域之一。可是，鹽對於人們的生產生活極為重要，不僅人體需要補充氯化鈉（鹽的主要成分），從事畜牧業的牧民都知道，牲畜也需要攝取鹽，因此藏族地區人們努力通過傳統方式利用有限的鹽資源進行製鹽。明代以來藏東鹽井的鹽業興起，對昌都、德欽、中甸、察瓦龍、貢山等一帶有著重要的意義。

　　人類對自然鹽的發現與動物一樣，是出於生理需要的本能；我國自古便有「白鹿飲泉」、「牛舐地出鹽」、「群猴舔地」、「羝羊舔土」等有關動物發現鹽的記載。[4]很多情況下，人類發現鹽與動物的某些行為有直接關係。各地有關鹽的神話很多。例如，四川鹽源縣的納西族所供奉的「鹽神」是一位美麗的少女，相傳她在牧羊時發現鹽水，後來在此開發鹽井。[5]同樣，鹽井鹽的發現也流傳著很多故事，其中一則是這樣描述的：

　　　在 1 萬年以前，生活在這裏的人們是不懂得吃鹽的，所有人不到 10 歲，頭髮就自然全部變白。有一天，有個放羊的年輕小

4　參見郭正忠主編：《中國鹽業史・古代編》（北京市：人民出版社，1997年），頁13。

5　參見宋兆麟、黎家芳、杜耀西：《中國原始社會史》（臺北市：文物出版社，1983年），頁362。

夥在高山上放牧，看到牛羊悠閒地吃著嫩草，他就靠著一個大石頭打個盹，可不知道為什麼就這麼睡著了。夢裏他看到了一位漂亮的姑娘，奇怪的是這位姑娘頭髮全是黑黝黝的。姑娘明亮的眼睛一直看著小夥子，那麼漂亮迷人。小夥子問道：「你，你怎麼頭髮是黑的，哪裏來的？」一下子問了兩個問題，姑娘什麼也沒有回答。這樣的事情在小夥子身上接連發生了好多次，每次都能夢到那美麗的黑髮姑娘。

小夥子開始慢慢地喜歡上了夢裏的姑娘，每天都會把羊群趕到這個地方，並開始自己的美夢。這天小夥子把自己喜歡上姑娘的想法說了。姑娘開口了：「除非你也有像我一樣的黑髮。」「怎麼才能頭髮不白了呢？」小夥子問道。「在天上的老鷹經常停留的地方，你能找到答案。」姑娘說。小夥子正要再問什麼，一陣涼風吹來，他醒了。夢裏的姑娘讓他尋思著為什麼她的頭髮是烏黑的。看看四周，羊群不見了，他趕緊四處尋找羊群。這裏經常有狼把羊叼走，想到這裏他心裏一驚。他翻過了一山又一山，還是沒有看到羊群，最後實在走不動了，準備休息一會再走。但是，此時他的耳邊響起了水流的聲音，他意識到附近不遠處應該有條河。再翻過一個不高的小山，他眼前呈現著波濤洶湧的江水。這時頭頂上突然聚集了一大群老鷹，盤旋著。時不時有幾隻老鷹落到江岸邊的沙灘上，在啄著什麼。小夥子很好奇，走近一看，沒有發現食物，看到的是沙灘上的晶體狀顆粒。夢、老鷹、姑娘的話，讓他想起了那是夢裏姑娘讓他尋找的答案；看到老鷹把這些顆粒吞了下去毫無事情，自己壯著膽子嘗一口，結果發現味道特別。

第二天，他又到自己常去的地方放羊。他急著把自己的發現告訴姑娘，他更想知道為什麼自己的頭髮還是白的。夢裏又有了

對話，年輕的姑娘要他每天吃那些顆粒三四顆。羊群去了，也喜歡上了那些顆粒，每天一到下午都會向江邊走去。一個月後，他變成了村子里第一個頭髮黑的人，所有的人都在奇怪，問他發生了什麼，他只能把發生在自己身上的事情告訴了大家。大家把這些晶體狀的顆粒撿回家，放入菜中，發現菜是那麼香美，慢慢地大家的白頭髮也變得烏黑了。小夥子激動著上山，不想只在夢裏看到這位姑娘，他一直呼喚她，從高山到江河，從峽谷到草原。終於有一天，老鷹在上空盤旋，天好像變黑了。突然一陣風吹來，姑娘出現了。他們最終走進了愛的殿堂，這對愛人從此就到江邊把這些顆粒撿回家，賣給人們。從此，鹽走進了人們的生活，老鷹受到人們的敬重。鹽、老鷹、愛情成了藏族人的佳話。[6]

除了上述神話之外，藏族的著名史詩《格薩爾王》的《保衛鹽海》，詳細描寫了以格薩爾王為首的嶺國軍民反抗姜國王薩丹王侵略的歷史神話故事，而薩丹王發起侵略的主要目的就是爭奪豐富的鹽資源。

在鹽井乃至整個康南地區，人們都認為《保衛鹽海》的故事就發生在鹽井，其依據是康南各縣的石碉稱為「姜妖房」，認為這些石碉就是《保衛鹽海》中的薩丹王的城堡，木氏土司就是住在這些妖房中的妖魔，又將《保衛鹽海》中的鹽海說成是今芒康的鹽井，認為格薩爾王趕走了木氏土司奪回了鹽井等。[7]法國學者石泰安也指出：「江地（Vjang，即麗江流域的麼些）的國王被稱為『木族老爺』，但他也是

6　2012年7月，鹽井田野調查資料。

7　參見趙心愚：《納西族歷史文化研究》（北京市：民族出版社，2008年），頁103。

一位魔王般的人物，頗懂魔法。其中的真正成分可能是木氏（Mu），麗江的首領們從1382年之後就享有這一尊號。」[8]這裏的「江」即通「姜」，這樣姜嶺大戰就是吐蕃和木氏土司之間因鹽而起的戰爭。

也有學者指出，姜嶺大戰就是發生在姜國和嶺國之間的一場關於鹽池爭奪的戰爭，而姜國之姜（Ijang 或 Vjang）又稱「絳」，姜國一般認為是藏族史料中的「絳域」（IjangyuI 或 VjangyuI），既指地區又指政權，一般指唐代以雲南為中心的地方政權——南詔國。[9]因此，《保衛鹽海》所依託的歷史背景應是吐蕃崛起後其勢力南下今滇西北、川西並爭奪洱河一帶（今洱海）以及昆明一帶（今四川鹽源）的戰爭。[10]根據史料記載：「及至兔年（703年）冬，贊布赴南詔，攻克之。」「及至龍年（704年）冬，贊布牙帳親赴南詔地，薨。」「贊布推行政令於南詔，使白蠻來貢賦稅，收烏蠻於治下。」[11]證明吐蕃和南詔國之間發生了持續性戰爭。但是，這是否與鹽池爭奪有關，且是否發生在吐蕃和南詔國之間，還有待進一步論證。不過，相關文史資料的確記載了各種勢力爭取鹽井。鹽井的鹽業生產的確滿足了當時康南地區人們對食鹽的需求，一方面體現了鹽在藏族生活中的重要性；另一方面也體現了鹽作為一種資源，必然成為民族間和區域間各種勢力鬥爭的因素之一。

從現有的歷史資料看，西藏鹽井鹽田可能為木氏土司北進西藏時納西子民所開闢。《巴塘鹽井鄉土志》記載：「考余慶遠《維西見聞錄·序》載：『明萬曆間，麗江土知府木氏浸強，嘗以麼些兵攻吐

8　〔法〕P. A. 石泰安：《川甘青藏走廊古部落》（成都市：四川民族出版社，1992年），頁98。

9　參見趙心愚：《納西族歷史文化研究》（北京市：民族出版社，2008年），頁95。

10　參見趙心愚：《納西族歷史文化研究》（北京市：民族出版社，2008年），頁96。

11　王堯、陳踐譯注：《敦煌本吐蕃歷史文書》（北京市：民族出版社1980年），頁1109-1141頁。

蕃，吐蕃降。木氏遂屠其民而徙，其麼些兵以戍之。』故其時巴塘理塘皆為木氏有。鹽井為巴塘之甌脫從而可知矣。」[12]段鵬瑞在《鹽井源流》中又談到：「今傳鹽井為麼些（音梭）王所開，又謂宗崖土城為木天王所建，邊荒文獻固屬無徵，然傳聞固非無自。……鹽井及宗崖城皆其封藩，雲南時所創，而惟於書無所考見，惟據《一統志》吐蕃之地北起陝西，迤南而歷四川、雲南、西北之地，則當明之世巴、裏、中、維尚屬同壤，鹽井之開創於木氏無疑矣。」[13]可是，有關木氏土司進入鹽井開創鹽田的過程，只是單方面的論述，未發現有其它史料能進一步旁證該事實。因此，有關西藏鹽井製鹽史還需不斷深入研究。

宣統年間的《鹽井鄉土志》中的材料多不是抄自舊地方志和史籍，而是出自編纂者的實地調查，這使此志記載既有地方特色又真實可靠。[14]那麼，我們姑且相信鹽井的鹽業技術的確與納西族跟隨木氏土司進入鹽井有關，仍會產生兩個疑問：一是如果鹽井鹽的確由木氏土司開創，那麼之前生活在鹽井的土著民如何獲得食鹽，這些鹽來自何處；二是開創鹽田這麼重要的事件為何在木氏土司的《木氏宦譜》中沒有任何蛛絲馬蹟。鑒於這兩個疑問，可以做這樣的假設：鹽井在木氏土司進入之前已經產鹽，但是規模極小，只限於家庭食用；木氏土司進入以後，利用權力佔有鹽田所有權，並擴大生產規模。

鹽井最大的特點是至今保存著這種傳統的曬鹽方式——將鹵水井中的鹵水運輸至鹽田靠風吹日曬使之結晶成鹽。由於瀾滄江兩岸地勢陡峭、坡度大，很難在坡地上建起鹽田。人們就靠人工改造，用大量

---

12 〔清〕段鵬瑞纂：《巴塘鹽井鄉土志・序》（影印本）（北京市：中央民族學院，1911年），頁1。

13 同上，頁13。

14 參見趙心愚：《納西族歷史文化研究》（北京市：民族出版社，2008年），頁167。

的木頭，如建木質結構的房子一樣，利用幾排木柱做支撐，木柱上面平鋪木頭，後又鋪上沙土，建成人工「田」，曬出鹽來，故被人們稱為「鹽田」。金飛在宣統二年（1910 年）記有：「鹽民攤曬鹽之法，構木為架，平面以柴花密鋪如臺，上塗以泥，中間微凹，注水寸許，全仗風日。山勢甚削，其寬窄長短，依山高下為之，重疊而上，櫛比鱗次，彷彿町畦，呼為鹽廂，又名鹽田。」[15]經過歷代鹽民不斷的努力，這一傳統的製鹽方式一直被傳承。站在瀾滄江邊的加達村往東面的山坡看去，支撐幾千塊鹽田的木柱氣勢非凡。不管是旅遊者還是研究者都驚訝這一奇觀──眼前呈現的這密密麻麻的木柱，一排挨著一排，一排高過一排，看似樓屋，實為鹽田。

宣統元年（1909 年）底，程鳳翔進軍桑昂時，帶有文學性地寫道，「鹽樓鱗比數千，歲縉累鉅萬，誠天生利源也。齊西螺旋而上百餘盤始至噶翁寺」[16]，為鹽井又添筆墨，增加色彩。的確，鹽井的鹽田，如果是站在東岸的公路上往下看去，那映入眼簾的是幾千塊的「水田」，實為壯觀；如果是站在江的西岸往江東看，真有程鳳翔之感慨。民國時鹽田的數目為「東岸鹽廂一千二百四十二，鹽池八百零二；西岸鹽廂二千七百二十四，鹽池四百七十四。兩岸共鹽廂三千九百六十六，鹽池一千二百七十六，此宣統二年查點數也」[17]。2012 年7 月調查的情況是鹽田總共 3,249 塊，這和清末相比顯然鹽田數有所下降。但是，這些鹽田和製鹽技術是納西族和藏族在長期融合中留給人們的寶貴的文化財富。

在西藏，不管是寺院還是土司，都會利用手中的權力去獲得利益的分配。長期以來，鹽井的鹽稅落到了地方土司、寺院手裏，鹽井地

---

15 金飛：〈鹽井縣考〉，《邊政》1931 年第 8 期。

16 吳豐培輯：《川藏遊蹤彙編》（成都市：四川民族出版社，1985 年），頁 444。

17 金飛：〈鹽井縣考〉，《邊政》1931 年第 8 期。

方的鹽稅為當地的臘翁寺所攬。這種情況直到清末民初才改變，當趙爾豐在川邊進行轟轟烈烈的改土歸流時，清軍與臘翁寺之間的矛盾開始激化，上演了臘翁寺事件，而該事件發生的直接原因是各自對鹽稅的追求。

光緒三十二年（1906年）十二月二十二日，趙淵稟報臘翁寺喇嘛肇事及布置情形道：「緣鹽井河西臘翁寺喇嘛，歷來跋扈。地界川、滇、藏，藏問之則曰屬川，川問之則曰屬滇。規避差糧，形同化外。該處鹽利久為該寺霸居。」[18]由於特殊的地理位置，處在三省（自治區）交界地帶的鹽井，在歸屬的問題上可隨意左右偏向，導致臘翁寺有空可鑽。「鹽利久為該寺霸居」說明長期以來鹽井的鹽業稅收為河西臘翁寺所收，臘翁寺剝削鹽民已成事實，這勢必引起正在進行如火如荼改土歸流的邊務大臣趙爾豐的重視；又從《巴塘鹽井鄉土志》所載「巴塘則設宣撫使土司一、副土司一，所轄宗俄（即宗崖）協廠兼管鹽井」[19]可知，這裏是土司和寺院兩者結合起來形成聯盟操縱地方事務的特殊政治形式。後來的電文「從前（攻克喇嘛翁寺之前）巴塘土司、喇嘛歷年派頭人在（鹽）井按馱抽鹽」[20]可證實，兩者之間有著密切的關係，共同來獲取利益。

《清末川滇邊務檔案史料》記載：「光緒三十一年冬間，於巴、裏等處平定之後，即經委員前往察看，正在設局籌辦之際，而河西臘翁寺番僧屢出滋擾，以致商販裹足，無從措手。」[21]由此可見，清政

---

18 轉引自四川省民族研究所《清末川滇邊務檔案史料》編寫組編：《清末川滇邊務檔案史料》（上冊）（北京市：中華書局，1989年），頁103。

19 〔清〕段鵬瑞纂：《巴塘鹽井鄉土志》（影印本）（北京市：中央民族學院，1911年），頁1。

20 四川省民族研究所《清末川滇邊務檔案史料》編寫組編：《清末川滇邊務檔案史料》（中冊），（北京市：中華書局，1989年），頁517。

21 同上，頁446。

府將鹽業稅收收回官辦、設置鹽局的這一舉動使得臘翁寺在鹽利方面無利可圖，因此其產生了怨恨之心，致使「王令會同到差以來，屢次觸犯王令」[22]。段鵬瑞在宣統《巴塘鹽井鄉土志》中有記：「復以梗於河西臘翁寺之喇嘛，盤踞山頂，抗螯傷勇。」[23]顯然，臘翁寺當時的勢力龐大，不想輕易將鹽的稅收歸清軍。當時的清軍還未站住腳跟，兵力不足，不想與臘翁寺有過多的衝突。但是，兩者之間的矛盾不會因清軍一時的退避而減弱，無論是臘翁寺還是趙爾豐，都想通過控製鹽業稅收來進一步加強地方社會的統治。就清軍來說能收回鹽權可謂一舉兩得，不僅控制了地盤，鹽稅收入還可充當軍費。

光緒三十二年（1906年）十一月初旬，「吳令錫珍到井，開陳利害，使之投誠，該寺不應」[24]。到了二十一日夜裏，臘翁寺竟然教唆他人販賣私鹽一馱，被守卡的勇丁拿獲，連馬帶鹽一次充公。

趙爾豐方面於光緒三十二年（1906年）十二月二十五日出動 250 餘人的兵力，攻克臘翁寺，具體可從趙淵稟報軍官攻克鹽井的情況看出戰爭的經過。

> 二十五日未刻，傾巢來犯，我軍偵知，憑壘靜待，逆近發槍，應聲而倒。逆猶拼死直撲。適左哨哨長張紹武率兵五棚人新到，直前渡水助戰。逆怯退，我軍乘勢奪據半山要隘，逆遁歸老巢。程管帶以機不可失，即分三路進攻，中路虛張聲勢，程管帶由左冒險直上，幫帶顧占文卑兵繞出山後，從高壓下，前

---

22 同上，頁103。

23 〔清〕段鵬瑞纂：《巴塘鹽井鄉土志》（影印本）（北京市：中央民族學院，1911年），頁17。

24 四川省民族研究所《清末川滇邊務檔案史料》編寫組編：《清末川滇邊務檔案史料》（上冊）（北京市：中華書局，1989年），頁103。

後夾攻，逆見勢不敵，棄巢分向山徑逃遁，我軍即將逆寺奪
據。共斃逆僧七十餘人，生擒二人，陣斬首級九頭。奪獲抬槍
四杆，火槍三十七杆，騾馬五匹，禁燬大碉三座，大昭及余碉
三十餘座同時俱下，我軍受傷三人。[25]

在平息臘翁寺事件後，趙爾豐需要進一步在鹽井棻根，以便恢復
當地的鹽業。從「自納工（臘翁）寺尋釁以後，鹽釐頓減，前已據實
稟陳，想已仰邀慈覽。數月以來，撫釁流亡，招徠逃竄，三月初旬，
兩岸蠻民已漸復舊業，釐（鹽）務亦漸有起色」[26]可知，臘翁寺事件
發生後對當地的生產生活產生了重大影響，部分鹽民為了逃避戰亂，
選擇離家出走，嚴重影響了鹽業的發展；隨著臘翁寺地方權力的解
體，人們開始看到了曙光，才使得兩岸的鹽民開始恢復生產，鹽業逐
漸有了起色。

第二節　民族商貿：共生與互動

私有制的產生，是人類社會發展過程中的一種必然現象，其產生
的過程是漫長的。在此僅關注由不同民族對物質資料的互補需求所引
致的各民族的交換貿易關係，這對我們分析碧羅雪山兩麓人民在長期
的歷史河流中所形成的經濟互動關係有一定的啟發。藏族聚居區長期
處於政治和宗教的雙重壓迫下，土地往往被地方封建領主、寺院、貴
族等佔有；喪失土地的人民只能長期成為奴隸，生活極為艱苦。
藏族和滇西各民族的商貿交往，據歷史記載最早出現在唐代。例

25 轉引自四川省民族研究所《清末川滇邊務檔案史料》編寫組編：《清末川滇邊檔
案史料》（上冊）（北京市：中華書局，1989年），頁106。
26 同上，頁117。

如，《蠻書》所記：「往往有吐蕃至賧貿易，云此山有路，去贊普牙帳不遠。」[27]這時的交換關係已形成，在《元一統志》中有記載：「州治三賧，亦曰樣渠頭賧。」據方國瑜考按：樣渠頭為麗江城區。又《元史‧地理志》「麗江路永寧州」載：「昔名樓頭賧，地名答藍。」方國瑜考證樓頭為永寧城區。[28]綜合看來，賧是麗江城區的代名詞，那麼此時的貿易已經穿過迪慶高原，到達麗江的納西族聚居區。在《蠻書》卷七中又提及「大羊多從西羌、鐵橋接吐蕃界，三千二千口將來貿易」[29]，說明吐蕃此時和滇西所交換的是牲畜。但是，交換雙方只限於地方勢力的高層之間進行交易還是已涉及民間就不得而知。

　　吐蕃和南詔國之間儘管戰爭不斷發生，但在經濟上保持著貿易往來，未曾中斷；原因在於不同區域所生產的物質資料的特殊性，以至於在某種程度上物質資料的供給必須與需求達成平衡，而這種平衡無疑是生產資料種類間的互補。一般來說，「康藏需要內地的茶葉、布匹、糖及各種手工製品，內地則需要康藏的各種毛皮、山貨、藥材和土產，他們之間已形成相互依存的關係。正是這種貿易往來，到清末民初，德欽的昇平鎮、維西的保和鎮、中甸的中心鎮已成為滇西北三大貿易集鎮。昇平鎮有商號四十餘家，中心鎮有商號四五十家，除中心鎮外，歸化大寺前的白臘谷也是重要貿易街市」[30]。從藏族文化本身來看，茶葉是做酥油茶的必需品，喝酥油茶是藏族文化中不可替代的習俗，這與藏族所處的自然環境有關，只能通過食物來補充自然環境中所缺乏的微量元素。

---

27 〔唐〕樊綽撰，向達校注：《蠻書校注》（北京市：中華書局，1962年），頁43。

28 參見方國瑜：《方國瑜納西學論集》（北京市：民族出版社，2008年），頁89。

29 〔唐〕樊綽撰，向達校注：《蠻書校注》（北京市：中華書局，1962年），頁204。

30 張雪慧、王垣傑：〈從幾份檔案中看滇藏經濟貿易——兼談對雲南藏區社會經濟與歷史研究的重要性〉，《中國藏學》1989年第1期。

滇藏之間的這種交換關係，到元朝及明朝初期有了明顯的發展，並且逐漸走向了制度化。這種滇藏貿易，即便在明朝嘉靖年間雲南麗江木氏納西族土司攻取中甸、維西、德欽和鹽井等也未曾中斷過，仍然長期保持著民族之間的貿易往來活力。[31]本書著重討論明清以來滇藏之間的貿易關係，以及所涉及的民族、地域、貿易通道和各類商人。

需要指出的是，「近代雲南，特別是滇西北這個民族聚居區內，大量的少數民族商人的產生和崛起，並不是近代歷史上的一個孤立現象，也不單純是近代雲南開關通商後社會經濟發展的畸形結果，而是明清兩代隨著滇西北大部分封建地主經濟的逐漸確立和發展，隨著雲南與周邊地區商貿交流管道的逐漸拓展、社會剩餘產品的逐漸豐富等多種因素共同鑄就的一個歷史趨勢」[32]。特別在明代，麗江木氏土司將其勢力擴展至整個迪慶藏族聚居區後，大規模地發展農耕。

清初實行改土歸流，以穩定地方社會和推動社會經濟的發展。清末引入新的糧食品種，繼續擴大耕地面積。與此同時，茶馬古道上的貿易日趨活躍起來，最終形成了滇西北藏族地區農、牧、商三業並舉的生產方式和經濟結構。由於這種經濟結構形式是以山地、草原和茶馬古道三者為依託的，完全適應當地的自然環境和生產條件，從而一經形成就不斷得到鞏固和發展。[33]總體看來，明清影響該地區經濟發展的因素有三個。

（1）迪慶高原上的民族格局已經形成。從唐代開始，吐蕃不斷進攻南詔國。而麗江和迪慶的大部分地區是吐蕃進入洱海區域的必經之地，吐蕃不斷南下必然帶來人口的大量遷徙，部分隨軍而來的藏族

---

31 參見王恆傑〈解放前雲南藏區的商業〉，《中國藏學》1990年第3期。

32 周智生：《商人與近代中國西南邊疆社會：以滇西北為中心》（北京市：中國社會科學出版社，2006年），頁10。

33 參見郭家驥：〈生態環境與雲南藏族的文化適應〉，《民族研究》2003年第1期。

群眾戰後留在了迪慶高原。元宋以來，兩個區域之間的戰爭沒有停止過，到了明代木氏土司的統治時期，迪慶高原上的中甸、維西、德欽等境內的民族構成基本定型，且絕大部分為藏族。這一區域內的藏族和西藏境內的藏族有著同樣的飲食習慣，茶葉、布料、糧食等生活必需品依然需要和洱海地區的人們進行交換。這一因素極大地推動和保證了滇藏之間的物質交換。

可以說，「民間貿易是潤滑劑和催化劑，是不可遏止的改善民族關係、促動社會發展的積極因素。儘管蕃唐之間也有衝突乃至兵戎相見，但民間商業往來一直保持和發展著，並往往成為增進官方友好、擴大經濟文化交流的契機」[34]。滇藏之間的貿易關係之所以得到保證，關鍵在於上層政治受到影響時，民間貿易依然保持特有的活力，為民族之間的往來提供了保障。

（2）權力鬥爭基本平靜下來。明清以來，滇藏之間的政治格局基本穩定，木氏土司名義上是中央委任管理地方的官員，但是因為地方勢力強大，中央對邊地鞭長莫及，使得木氏土司在改土歸流之前擁有絕對的地方管理權。因此，在 1723 年，中央將土司降為土通判，保證了對麗江一帶的統治。改土歸流之後，中央王朝對地方實行了直接的統治，長期禁錮的生產力得以發展的關鍵因素——封建領主經濟得以廢除，為經濟社會的發展帶來了契機，極大地推動了大量自耕農和新興地主階層的產生。[35]社會的相對穩定，帶來了人口的增加。人口流動或數量的增長，將影響到區域間的貿易發展；人口基數大且流動頻繁，又將促進商業的快速發展。在乾隆初年，滇西、滇西南等少數民族聚居區仍地廣人稀，所以很多農民紛紛向那裏移墾，外省民戶

---

34 張雪慧：〈試論唐宋時期吐蕃的商業貿易〉，《西藏研究》1998年第3期。

35 參見周智生：《商人與近代中國西南邊疆社會：以滇西北為中心》（北京市：中國社會科學出版社，2006年），頁11。

前往落籍的也不少。[36]根據冊籍記載，乾隆三十年（1765 年），臨安府共有民屯 29,819 戶、83,344 口，到嘉慶三年（1798 年），增至 67,037 戶、229,271 口；30 餘年中，戶和口均增加一倍以上。[37]

（3）從德欽到西藏鹽井的滇藏線的疏通。在明代之前，藏族和納西族之間無論是在政治上的交流和衝突，還是在經濟上的互動，主要以金沙江兩岸的河谷和臺地為通道，從南到北連接了大理、劍川、麗江、中甸、巴塘、芒康、昌都、康定等地。因此，幾乎沒有文獻表明德欽到鹽井的這條滇藏線有商貿往來。但是在 15 世紀中葉，木氏土司開始分三路進攻藏族聚居區。東路，從石鼓過江，沿沖江河北上經小中甸、大中甸、尼西、奔子欄、阿得酋（阿墩子）進藏；中路，自麗江或鶴慶，經塔城到奔子欄；第三條路，是從劍川經維西到奔子欄。[38] 16 世紀初，木氏已經攻克維西等地，到達德欽，並於 1526 年到達鹽井。至此，木氏土司已經進入現代意義上的西藏境內，德欽到鹽井的路線得以疏通。

以上因素的交織，造成了滇藏交易通道上的德欽成為貿易的重鎮。清末李式金寫有《雲南阿墩子——一個漢藏貿易的要地》一文，對德欽（舊為阿墩子）的地理、氣候、民族、通道等進行了描述。其中提到，此地沒有公路通往外界。德欽向北是雲南商人進入康區的必經之路，順瀾滄江而上便是西藏的鹽井，再到昌都；進入昌都的線路還有一條，就是先翻越碧羅雪山，後轉北進入昌都。向南順江而下，到維西進麗江。向東則要翻越白茫雪山，進入維西屬地奔子欄（舊屬維西管轄，現為德欽縣）；或可先順江而下至崗普，再轉向西，進入

---

36 參見郭松義：《清代的人口增長和人口流動》，《清史論叢》（第五輯）（北京市：中華書局，1984 年），頁126。

37 參見江濬源：《臨安府志》（卷六），《清史論叢》（第五輯）（北京市：中華書局，1984 年），頁126。

38 參見王恆傑：《迪慶藏族社會史》（北京市：中國藏學出版社，1995 年），頁53。

怒江的菖蒲桶（現為貢山縣）。[39]王恆傑認為：「雲南藏區的商業貿易
是以德欽的昇平鎮、茂頂銀廠和中甸的中心鎮、小街子及金江區的橋
頭為中心來進行的。……這是因為德欽在歷史上一向是西藏來滇貿易
的必經孔道，德欽藏族的藏靴、木碗和毛襪很受四川和西藏的藏民喜
愛。同時，自清初以來，在德欽的茂頂發現了銀礦，隨著江西、湖北
等內地礦工的流入、人口逐漸聚集，後因昇平鎮處於交通孔道，人口
就轉向鎮上。」[40]此觀點無疑說明德欽是滇藏貿易線上的重鎮，往往
以地理位置優越取得商貿先機，而來往的商人和到當地採礦人員的增
加又推動了該地商業貿易的發展。

　　鹽井的重要性，在明代沒有過多的文獻提及，但是到了清末，因
其所處的地理位置及作為藏東一帶的鹽業生產重地，歷史給予了它濃
厚的一筆。特別在改土歸流的過程中，因鹽稅引發的械鬥和軍事衝突
事件可謂不少。重要的是以鹽井為中心出現了鹽業交換的民族間互動
關係。鹽井因鹽聯繫了東西南北不同方向的貿易關係，當時來鹽井
進行交換的商人、馬幫依託茶馬古道絡繹不絕。鹽糧交換成為當時主
要的交換方式。從此，鹽井成為商人、馬幫從德欽進入西藏的重要集
結地。

　　在貿易的商品運輸上，由於道路崎嶇，有時甚至要過江過河，主
要依靠馬匹來運送。「當時（光緒二十一年）中甸、德欽繫聯繫西藏
和四川打箭爐（即今康定）的交通樞紐，這種交通貿易來往，是通過
馱夫和騾子完成的。」[41]行商在滇藏線上實屬不易，不僅需要長途跋

---

39 參見李式金：〈雲南阿墩子——一個漢藏貿易的要地〉，《東方雜誌》（第40卷）1944
　　年第16期。

40 王恆傑：〈解放前雲南藏區的商業〉，《中國藏學》1990年第3期。

41 張雪慧、王垣傑：〈從幾份檔案中看滇藏經濟貿易——兼談對雲南藏區社會經濟與
　　歷史研究的重要性〉，《中國藏學》1989年第1期。

涉，步行上千公里（如從德欽到拉薩要走半年以上，1 年也就只能往返 1 次），而且沿途土匪出沒，常常劫掠貨物。因此，人們常常是 10 人以上組成馬幫，1 人只能照顧 35 匹馬，以便能團結起來抵禦土匪的進攻。

從中甸到打箭爐，駄運往返 4 次可得腳銀 150 餘兩，分到股銀 200 兩左右，共可得銀 300 餘兩。駄夫多為貧寒之家，為生計不辭辛苦往返西藏數次，積 11 年可攢腳本銀 200 餘兩，但都存於駄主處。一旦駄主賴帳，駄夫則分釐無著，甚至因欠西藏貨主銀兩而無法償還債務。駄主多為殷實門戶，家中有田產並有駄騾和資金經營駄隊運輸，其本人往往不親自進藏去冒風險，只是坐收漁利。[42]這一階段，社會分層明顯，資本投資已經出現，各種勢力中商人、喇嘛、頭人紛紛將資金投入民族貿易，只有那些沒有權力、沒有資源的窮苦百姓堅持利用傳統的生計維持生活，一旦連最低的生活需求都不能保證時便走向了另一條生計。這也是滇藏貿易線上出現大批土匪的原因之一。此外，在滇藏線上，隨著民族之間的貿易愈加頻繁，為保證不同民族之間順利交易，還出現了交換環節中的「中間人」，也被稱為房東，房東還起到「牙人」的作用。這在德欽等地是常見的，具體內容將在第九章第三節進行闡述。

第三節　天主教的傳播：葡萄種植

葡萄種植在茨中村得到發展，乃至整個德欽縣內都大面積種植。本來葡萄的種植與天主教毫無關係，也不是天主教傳入茨中的首要目的，但是法國葡萄在茨中村落地生根的歷史因素的確與天主教傳入藏

---

42 同上。

族聚居區有關。2000 年以後，當地葡萄種植逐漸為人們所重視，現在茨中村釀製的葡萄酒已經成為與地方文化（天主教）密不可分的特產，商業廣告總標榜當地的紅酒釀製技術源自傳統的法國葡萄酒釀造技術。

從歷史上看，茨中的葡萄的確與法國天主教傳入茨中有關。有時，文化對一個地方的影響是深遠的，甚至在一定的條件下，一種文化的植入長期影響一個地方的經濟、政治和文化；葡萄得以在滇西北茨中村生根發芽，關鍵在於葡萄酒是天主教儀式過程中不可或缺的祭祀用品。在宗教儀式的推動下，常人看來平凡的葡萄酒變成了耶穌的「血液」，信徒喝下耶穌賜予的聖品就能獲得保祐，這就是葡萄能在茨中長期種植的根本原因。但是，理解一種文化現象，不能只重視現象或結果，必須究其根本。天主教傳入中國有不可告人的政治目的，傳入西藏、雲南、四川等邊疆之地顯而易見是殖民主義擴張的行為，是以宗教行為掩蓋其政治目的。

天主教最早在唐朝傳入中國。據資料顯示，1623 年在西安附近盩厔（今周至）縣出土一塊長期埋藏地下的石碑。碑高 2.36 公尺，寬 0.86 公尺，厚 0.25 公尺。石碑上端飾有十字架圖案；下為碑文，題為「大秦景教流行中國碑頌並序」，後經中外學者的研究，確認碑文中所說的景教就是基督教中的聶斯托里派傳入中國後的稱呼。[43]到元朝時，基督教在中國小規模傳播過，但天主教與元朝興衰有著密切關係，在元滅亡後幾近絕跡。16 世紀，天主教隨著西方殖民主義的浪潮，試圖通過各種管道傳入中國。從天主教傳入中國的路線來看，傳播一般從沿海到內陸，從開放口岸到邊疆。

在和法國簽訂《黃埔條約》後，中國被迫允許天主教在內地傳

---

43 參見楊學政主編《雲南宗教史》（昆明市：雲南人民出版社，1999 年），頁343。

播，法國傳教士利用這個機會，開始對四川、雲南、西藏進行宗教傳播。最早在 1845 年，法國傳教士開始在川邊藏族聚居區展開傳教活動，想乘機進入西藏地區，主要目的就是利用傳教的名義來進行殖民掠奪。「其實早在 1840 年鴉片戰爭以前，四川主教區已經存在，地轄四川、雲南、貴州三省。當馮達拉任主教時，有外籍教士九人，本地教士二十三人。」[44] 1858 年，中國、英國、法國簽訂的《天津條約》規定，允許傳教士在包括康區在內的邊沿地方從事傳教活動，使得法國人以勝利者的姿態爭先恐後地闖入川、滇、藏交界處，即歷來為清廷及藏政府難以顧及的現今四川巴塘，雲南維西、德欽、察瓦博木噶，西藏芒康、鹽井、紮那、門孔等地，進行所謂的「傳教活動」。[45] 1847 年（道光二十七年）下半年，法國傳教士羅啟楨先抵巴塘，從四川崇慶出發，準備西進藏族聚居區，不料在次年 2 月，到昌都後被清兵發現並押回了四川。他不得不再改道雲南，在德欽西南的察瓦博木噶建立起了第一個傳教據點。天主教在咸豐年間（1851-1861 年）傳入德欽。咸豐七年（1857 年），天主教法國巴黎外方傳教會傳教士顧德爾潛入康邊藏族地區，伺機入藏，不料受到西藏人民的強烈反對，結果地處滇藏交匯的德欽，就成為外國傳教士的據點之一。[46]

1860 年法國傳教士顧德爾、丁德安等幾位神父來到燕門鄉巴東，在巴東、自古（茨姑）、六九、角仁等各地進行傳教活動，並在自古（茨姑）籌備修建教堂。茨姑教堂於 1862 年破土動工，歷時 4 年，於 1866 年竣工，成為迪慶州境內的第一座教堂。保羅在鹽井

---

44 冉光榮：〈天主教「西康教區」述論〉，《康定民族師專學報》1987年第1期。

45 參見保羅、澤勇：〈鹽井天主教史略〉，載《西藏研究》2000年第3期。

46 參見德欽縣志編纂委員會編：《德欽縣志》（昆明市：雲南民族出版社，1997年），頁328。

調查時聽村民講：「關於天主教傳入鹽井之前，諸傳教士先後在左貢縣的門孔、紮那，雲南的維西、察瓦博木噶、茨中、德欽，以及四川的康定、巴塘進行傳教活動，但他們在上述地方始終遭到以黃教寺廟為首的地方官員的強烈反對，後來都被驅逐出境。」[47]這說明鹽井上鹽井村的教堂是在德欽茨姑教堂之後建立的，並歸茨姑教堂所管；傳入鹽井的時間據保羅分析應為 1865 年 9 至 10 月。

「清同治二年（1863 年），法國天主教神父巴布埃來巴塘，在城郊四里龍修建一所教堂和兩座住房。自此，天主教傳入巴塘，當時僅有藏族群眾教徒 17 人。」[48]教堂建立後開辦學校、診所，進行傳教活動，還發展種植業，從法國引進玫瑰蜜葡萄、蘋果、桉樹。由於神父做彌撒時需要使用紅葡萄酒，因此羅啟楨將這種稱作玫瑰蜜（Rose Honey）的葡萄引入茨中村，先在教堂周圍小面積種植，後來，又由安德勒神父擴種到兩畝多。

2012 年在茨中調查時，姚飛神父提及，教堂的確曾經擁有兩塊田作為教堂的葡萄園種植地。神父還說，「茨中教堂是茨姑教堂遭到破壞後重建的」，1905 年以前茨姑教堂為天主教法國外方傳教會西藏教區屬下的雲南鐸區主教座堂，此後在「維西教案」、「打箭爐教案」、「百漢羅教案」一系列的教案中，巴塘、德欽、維西、貢山等處的天主教堂均被毀壞。茨姑教堂在這次藏族群眾反洋仇教鬥爭中無以幸免遭受破壞，後來法國教會用因三次教案所獲得的 15 萬元賠款在離茨姑不遠的地方建起了現今的茨中教堂。「傳教士在教堂的後院開闢了兩畝葡萄園，播種上從法國帶來的葡萄籽——玫瑰蜜。院裏的葡萄釀成葡萄酒後，一部分用於教堂做彌撒，一部分在日常生活中喝，

---

47 保羅、澤勇：〈鹽井天主教史略〉，《西藏研究》2000 年第 3 期。

48 四川省巴塘縣志編纂委員會編纂：《巴塘縣志》（成都市：四川民族出版社，1993年），頁449。

直到新中國成立後，當教堂最後兩個傳教士古純仁與羅維於 1951 年
被驅逐出境後，葡萄園由縣林管所打理，一直保留至今。」[49]

　　歷史已經走過了 100 多年。現在種植葡萄的人不僅僅是天主教虔
誠的信奉者，也有當地的佛教信奉者，生活在茨中這塊方圓不過 20
平方公里的土地上的人們，或多或少都種著葡萄，或種過葡萄。費了
那麼多筆墨來展現歷史，就是想要說明跨越國家、區域的宗教文化的
傳播，對當地農民乃至一個地區百姓的影響是深遠的。如今，無論是
作為研究者還是作為旅遊者，進入茨中的教堂或是百姓家庭，你都能
品嘗到源自法國而且是純手工釀造的葡萄酒。2000 年以後，科技種
植葡萄已經成為一種趨勢。政府依靠葡萄展現著文化淵源，打著法國
葡萄品種的旗號，大力推廣葡萄種植；在政策上，在 2003 至 2007 年
5 年時間裏對葡萄種植的土地進行每年每畝 300 元的補助。[50]

　　據村民介紹，2000 年初德欽縣開始計劃葡萄種植項目的開發，
到 2007 年葡萄已經成為德欽縣農民增收的重點。現在葡萄種植的面
積將近 1 萬畝。該項目於 2000 年啟動，在之後 4 年的準備階段縣領
導主要在省裏跑專案，並在茨中做了一些實驗田。最早的時候只有
30 多畝，其中一部分是由紅河州彌勒縣帶過來的玫瑰蜜，到 2002 年
底葡萄種植面積達 250 畝，到 2003 年底葡萄種植面積已經達到 3,000
畝，到 2008 年又增加了 1,350 畝，總畝數達到 4,350 畝，到 2009 年
年底茨中村種植的葡萄達 8,600 畝。就產量而言，2004 年之前沒有估
算，2005 年葡萄產量達到 166 噸左右，2006 年是 200 噸，2007 年是
217 噸，2008 年是 1,500 多噸，2009 年已達 1,958 噸。

　　2011 年，燕門鄉葡萄種植面積達 1,917.93 畝，生產總量達 503,147

---

49 鄭向春：〈景觀意識：「內」「外」眼光的聚焦與融合——以雲南迪慶州茨中村的葡
　　萄園與葡萄酒釀製為例〉，《青海民族研究》2011 年第 2 期。
50 參見德欽縣委、縣人民政府編：《支農惠農政策資料彙編》（2011 年），頁 4。

噸，其中巴東村和茨中村分別為 163,357 噸和 144,200 噸，占德欽縣總產量的 60% 以上。[51]從葡萄價格來看，葡萄成熟後市場價每斤在 2.5 至 4.0 元之間，但是一般村民都不會直接銷售成熟的葡萄，而是釀成葡萄酒後出售，價格基本保持在每斤 1015 元。2012 年筆者到茨中調查，據茨中一位退休老師介紹，他家裏種了 3 畝葡萄，採用搭架技術，又趕上風調雨順獲得豐收，釀製成葡萄酒 5,000 斤，以每斤 10 元來計算，收入在 5 萬元左右。

　　茨中的葡萄主要分兩類：①水果類——用於生吃，成熟的時候即可採摘，被稱為食用型葡萄。②釀酒類，又可分老品種（玫瑰蜜）和新品種。前者種植面積少，產量不高，不容易得病；後者又稱赤霞珠，種植面積廣，產量高，容易得病，需要不斷噴灑農藥。

　　2012 年 8 月，筆者翻越碧羅雪山到達茨中已經是當天下午 6 點多，沒有車輛到德欽縣城了，只能暫住此地。經嚮導介紹入住其親戚家，歇腳不久，交談間主人的女兒（30 歲左右）極力推薦她家自釀的葡萄酒；當問及價格時，她開口「友情價」——每斤 15 元。顯然，她沒有料及我們已經來過茨中，把我們當作普通遊客，不僅未給出「友情價」反而提高了價格。

　　需要進一步指出的是，茨中的葡萄酒基本上家家都有，已成為當地的文化特色。幾次在和村民閒聊的過程中，筆者都會被問及是否「喝過我們這裏的葡萄酒」。有位 50 多歲的阿伯還推薦了自己的釀酒經歷，並介紹了他釀製的葡萄酒有何特點。他不僅在家中隨時儲藏葡萄酒，而且在德欽、中甸、大理乃至昆明都有銷售點。這些都表明，茨中人現在已經形成了商品化意識，也懂得如何推銷自己的葡萄酒。昔日在天主教宗教儀式中扮演重要角色的葡萄酒，現在已經逐漸淡化

51　參見燕門鄉政府2012年7月10日提供《茶葉、水果及食用堅果生產情況3-2》。

了在天主教儀式過程中的重要意義。葡萄酒無形中成為地方文化的品牌，起到了商業途徑下溝通不同人群的橋樑作用。

第四節　「政治場域」下的別樣生計

　　「場域」最初是物理學概念，是指人類生存所依賴的地球整體上是一個大磁場，地球上任何物體都將在特定條件下受到磁場的影響，這是不以人的意志為轉移的客觀存在；指南針最能說明這個問題，無論將其放在任何位置，最終指標「S 端」將指向南磁極。布林迪厄在物理學概念基礎上進一步指出：「從分析的意義上來說，場域可以定義為位置之間的客觀關係的網路或構型。就這些位置的存在及其強加於它們的佔據者（無論是行動者還是機構）的種種限制而言，這些位置在客觀上是由它們不同類型權力（或資本）的分配結構中實際或潛在處境以及它們與其它位置的客觀關係（支配、服從、類似等）所決定的，而擁有權力和資本，則意味著可以獲取場域中利害攸關的各種特定利潤。」[52]這是布林迪厄研究實踐社會學的關鍵概念。

　　從清末民初到西藏解放，短短的 40 多年間，川、滇、藏交界地帶政治風雲變幻，上層的政治風波影響到了底層的各個地方，各種勢力相互角逐，正統與非正統之間的鬥爭嚴重，生產力的發展受到了限制，導致地方社會混亂、資源匱乏、民不聊生。很多利益團體想方設法進行資源和權力的爭奪，刀槍見血是常有之事。民間土匪人數眾多，且十分倡狂，更為可怕的是，土匪有自己的組織機構，人員分工明確、裝備齊全；由於每次出動都有計劃性、組織性、選擇性，又有人提供準確的情報，故搶劫的成功率高。

---

52 〔法〕皮埃爾‧布林迪厄著，劉成富、張豔譯：《科學的社會用途——寫給科學場的臨床社會學》（南京市：南京大學出版社，2005年），頁13-14。

　　土匪常常會利用特殊的地理環境。例如，滇西北金沙江、瀾滄江兩岸，道路狹窄，左右兩面均是懸崖峭壁，亂石叢生，這是土匪選擇伏擊的好地點。一旦過往的人員或商隊進入埋伏地點遭前後堵截，他們將在劫難逃，兩邊要麼是滔滔江水，要麼是懸崖絕壁，前不能進，後不能退，只能任其宰割；土匪的手段還極其殘忍，如有人冒死強烈反抗，結果要麼是被綁架，要麼直接命喪黃泉，更有甚者直接被丟入江中。因此「（德欽）境內民性兇悍，不論男女均佩刀以自衛，睚眥之怨，歷代不忘，故常有仇殺之事。因為民性強悍，交通阻梗，故匪徒多出沒，常有不服當局命令的舉動。現時雖然安靜得多，但聞以前阿墩子人民會與西康鹽井貢噶喇嘛械鬥，兵禍連綿七八年之久，阿墩子被劫曾有二次呢！」[53]土匪沿路設點搶劫，使得滇藏之間的貿易受到影響，「自阿墩子（德欽）北行，經鹽井寧靜，以達昌都，這條路本來是雲南商人入康藏的大道，但因鹽井附近近來多匪，故雲南人入藏不敢取經鹽井的道了」同上。。無疑，在這樣的時代下，各種為了生存而出現的手段層出不窮，在商業通道上對過往商人、馬幫進行搶劫是最為普遍的。

　　對於20世紀初期迪慶高原上匪亂情況，西繞雲貞曾論述到：

> 迪慶在20世紀上半葉是一個土匪倡狂、匪患不斷的地區。幾乎每一年都有土匪作亂。例如，民國十年（1921年）春，鄉城土匪甲措尼瑪、沙加登巴等一千餘，攻陷中甸縣城，大肆燒殺搶掠，縣署、電報局被毀，並勒索賄賂銀8,500元，江邊千總被害。[54]

---

53 李式金：〈雲南阿墩子——一個漢藏貿易要地〉，《東方雜誌》1944年第16期第40卷。

54 西繞雲貞：《邁向繁榮——迪慶藏族百年社會發展簡論》（雲南大學人文學院民族史專業博士學位論文，2003年），頁21。

上述表明時局動亂，土匪倡狂。土匪不僅有組織有預謀，而且形成團夥到處實施搶劫，有時翻越幾座大山進行遠距離的行兇搶劫。土匪搶劫所帶來的嚴重後果可體現在以下具體的資料中。

> 此次匪患，僅三壩鄉被殺 92 人，燒毀房屋 557 所，騾馬被搶 1,294 匹，牛 1,620 頭，羊 3,926 隻，糧食 831 石，損失折合舊幣 65,357 元，300 餘戶逃亡，土地荒蕪 5,835 畝。民國二十二年（1933 年）秋，鄉城匪首瓜頂巴率一千餘匪，攻破中甸縣城，佔據縣城 34 天，居民四處逃亡乞食。土匪橫行迪慶各地，各族人民在寺院、土司的壓榨下已經痛苦不堪，難於為生。1950 年前，德欽縣禾、吉、王、趙等幾戶土司頭人，為了各自的利益，長期互相械鬥，冤冤相報，傾軋殘殺，加上土匪作亂，年年兵荒馬亂，動盪不寧，許多無辜百姓死於非命，民不聊生，痛苦不堪。[55]

迪慶境內發生的匪亂情況，在某種程度上反映了中國 20 世紀初期政權交替期間，地方社會由於未能受單一方面的政治統一，各種小勢力地方割據現象嚴重。這些土匪中，有些是窮苦農民自發組成，也存在原地方頭人叛變後的殘餘力量，後者比前者威脅更大。其中就有原川兵管帶張占彪在宣統二年（1910 年）發動兵變，由定鄉組織人馬襲擊中甸。從宣統二年（1910 年）開始直至新中國成立，迪慶境內先後發生 10 餘次大規模匪亂事件，小規模的事件無以計數。每次大規模的土匪行動，少則 10 餘人，多則上千人。

---

55 西繞雲貞：《邁向繁榮——迪慶藏族百年社會發展簡論》（雲南大學人文學院民族史專業博士學位論文，2003 年），頁21。

　　解放過程中，地方政權的建立，首要任務就是打擊叛匪，消除匪亂，其中包括打擊販賣鴉片、消除等級、逐漸提升婦女的地位。第九章將主要討論土匪如何組織人員進行搶劫，及其使用的手段和方法、實施過程和帶來的影響；分析搶劫、乞食等生計方式出現的原因，考察婦女在察瓦龍一帶如何作為奴隸主的財產和財富象徵進行交換。

第四章
峽谷農業

　　不論是西麓的怒江峽谷，還是東麓的瀾滄江峽谷，兩側的山坡上都星羅棋佈地分佈著大大小小的農田。從面積上看，這些田地大小不一，有些呈零星分散的小塊狀，有些則是成塊相連的片地。從位置上看，有些位於山勢平緩的壩區和臺地，有些則位於陡峭的山腰地帶，還有一些掩映於雲霧繚繞的山頂。在這些田地中，既有旱地又有水田，但總體來看，旱地占絕大部分，水田則極少。怒江和瀾滄江兩側都是呈 V 形的深切峽谷區，山高坡陡、地勢險峻、交通不便，可耕地面積極少，尤其是適合農作物生產的平地更少，而且各種自然災害頻繁。在這樣極為不利的條件下，該地區的各族人民依然不畏艱險，克服種種困難，開荒墾地、修堤築壩、引水灌溉，積極發展農業生產，從事各種糧食和經濟作物的種植，從而使自己在這塊土地上得以頑強地生存下來。

第一節　土地類型和耕作條件

一　地理環境與氣候

　　碧羅雪山身處我國西南的橫斷山區，兩麓為典型的高山峽谷地帶，其間各種大山、深谷、河流交錯相間，地理地貌複雜多樣，從寒冷的山頂到炎熱的河谷，氣候的垂直差異十分明顯。這些自然條件直接影響著該區域的農業生產。

　　西麓為水流湍急的怒江，經西藏進入雲南，奔騰於西岸的高黎貢山和東岸的碧羅雪山之間，形成了舉世聞名的怒江大峽谷。高黎貢山的海拔最高達 5,000 多公尺，碧羅雪山的海拔最高達 4,000 多公尺，而谷底的江面海拔為 2,000 公尺左右，即山頂到江面的落差達到 2,000 至 3,000 公尺，如此懸殊的海拔差異造成了該區域極為典型的垂直氣候。從高山到谷底，依次形成寒、溫、熱三帶兼有的垂直氣候。概括來講，就是江邊燥熱，山腰溫和，山頂寒冷。每年春季來臨，山頂的積雪尚未消融，江邊的河谷早已鬱鬱蔥蔥、樹木茂盛了。如果沿著河谷向山上攀登，從不同的海拔高度可觀察到不同的自然景象，可謂是「十里不同天，萬物在一山」。東麓即為瀾滄江，河道穿行在橫斷山脈之間，河流深切，兩岸高山對峙、坡陡險峻，形成了和怒江一樣的 V 形大峽谷。其主體部分位於德欽縣境內，北起佛山鄉，南至燕門鄉，長 150 公里；峽谷江面海拔 2,006 公尺，左岸的梅裏雪山卡瓦格博峰海拔 6,740 公尺，右岸的白馬雪山絷拉雀尼峰也高達 5,460 公尺，峽谷的最大高差達 4,734 公尺。這裏也是雲南省海拔落差最大的地方。瀾滄江以江流湍急而著稱，冬季清澈而急流，夏季混濁而澎湃，狹窄江面狂濤擊岸，水聲如雷，十分壯觀。

　　海拔高差和複雜的地域環境影響了熱量的再分配，各地的溫差極大。從氣候類型上看，該區域內主要有亞熱帶山地季風氣候和寒溫帶山地季風氣候兩種；其中碧羅雪山的西麓以亞熱帶山地季風氣候為主，而東麓則以溫帶和寒溫帶山地季風氣候為主。從降水來看，碧羅雪山西麓處於西南季風的迎風坡，因而降水較多；而東麓的地勢較高，尤其是靠近北邊的德欽地區，再加上處於西南暖濕氣流的背風坡，因而乾燥少雨。這些從東西兩麓的植被覆蓋情況就可以明顯地看出來。

　　西麓的怒江峽谷，從最北的貢山到南邊的蘭坪，山谷兩旁皆為綠

蔭蔥蔥的樹木叢林；而在東麓的瀾滄江峽谷，山谷兩旁除了少量的綠洲和臺地外，絕大部分山體為赤裸的紅褐色沙石或者灌叢，植被覆蓋明顯不如怒江地區，穿行其間，不由給人一種荒涼的感覺。只是隨著海拔的升高，降水逐漸充沛起來，樹木長勢較好，植被覆蓋明顯好轉。

論及土地類型，沿江一帶的河谷地帶分佈著各種河漫灘、階地、沖積扇、洪積扇、泥石流扇等；半山的山地則有斜坡、峭壁和少量平緩臺地；高山地帶有冰川、古冰川形成的 U 形谷、冰水扇、冰漬物等。其氣候和降水規律主要表現為：秋冬短、春夏長，雨量充沛、濕度大；春夏洪澇成災，秋冬雨少；個別年份還有乾旱，但主要還是以洪澇為主，危險性大。每年 2 月以後，江水見漲，水色逐漸變混，最高時水面可以上漲 20 多公尺；10 月底，隨著雨季結束，江水逐漸落潮，逐漸變得清澈。雨季從 2 月至 6 月左右開始，主要下桃花雨，其間時晴時雨，直至 10 月中旬才結束。

在地表和植被上，高山、河流、草地和森林佔據了絕大多數的面積，能開墾為耕地的面積只占極少部分。然而，情況的嚴重性還不止如此，在這些面積極少的可耕地裏，坡度大的山坡地又佔了絕大比例。有時候，不同坡向的土地，由於接受光熱的數量與光照時間不同，造成生產條件上的差異。

以山地為主的耕作條件是雲南農業生產中最重要的方面。除了河谷和半山腰等地分佈有少量平地和一些坡度比較平緩的土地外，其它差不多為陡峭的坡地和高山寒地。根據怒江州國土資源局 2001 年的調查資料，坡度在 2 度或者 2 度以下的平坦耕地只占耕地總面積的 0.43%，坡度大於 25 度以上的耕地占到總耕地面積的 30.77%，幾乎 80% 的耕地坡度在 15 度以上。這一顯著因素對該地區的農業結構、土地利用方式和生產特點等方面產生了極為重要的影響。坡度大，一方面影響耕地的開墾，使之不易集中連片；另一方面容易導致水土流

失,同時還給平整土地和機械化耕作帶來了不便。

　　相較於低海拔平坦耕地而言,垂直氣候帶來的立體差異既為農業生產的綜合發展提供了良好條件,又為因地制宜提出了較高的要求。一般而言,高山地區多為寒溫帶氣候,這裏山高、谷深、坡陡、土層薄,氣溫低,生長期短,基本不適宜耕種;但是森林資源豐富,山地草場、高壩草場和林間草場頗多,草質較佳,因而適宜發展林牧業。一般來說,海拔 1,300 至 1,400 公尺以下的河谷和低壩地區,盛產熱帶、亞熱帶雙季經濟作物;1,300 至 2,300 公尺中海拔的壩子和半山腰地區是糧食作物的主要生產基地,也是甘蔗、油茶、茶葉等經濟作物的重要產地;2,300 公尺以上的高海拔壩子和高山,除能種包穀、洋芋、小麥、蕎子外,可用來發展林牧業;4,000 公尺以上的地方因積雪期長,只適合發展林牧業。

二　耕地類型

　　概括來講,峽谷地帶的耕地主要分水田和旱地兩種。水田主要為緩坡臺地上修建的灌溉梯田,而旱地則為人們通常意義上「靠天吃飯」的土地。碧羅雪山上的水源極為豐富,既有山頂上的冰雪融水,又有山林間的泉湧溪水,眾多的小溪彙集成一條條的河流從不同的山澗河谷中流下;人們通過挖渠架槽,便可將這些雪山流水引入到村莊附近的農田裏,從而形成峽谷中灌溉農業的生產方式。

　　水源灌溉既可以用於水稻種植,也可以用於澆灌一些旱地作物。在海拔較低、熱量充足的河谷平壩地區,人們利用河水灌溉來種植水稻;而在海拔較高的山坡臺地上,人們利用高山流水來澆灌旱地,積極發展農業生產。

　　瀾滄江峽谷內的藏族群眾多半過著半農半牧式的生活。人們一般

在山谷平緩地帶建築房屋，形成人口聚集的村落，既在靠雪山融水澆灌的旱地栽種青稞、小麥等農作物，又到高山牧場放養牲畜。每年5月，各家便分出人手驅趕牲畜上山，到海拔3,000公尺以上的高原去尋找水草。等到10月天氣轉冷，人們便返回村中過冬。

雪山是綠洲灌溉的源泉。每當初夏，山上的冰雪消融，匯成溪水，流下山谷。人們架槽挖渠，將山上流淌下來的河流溪水引入村子周圍的田地裏，在田地周圍挖一些網狀的小溝渠，這樣，河水就能流到所有田地。每年的澆灌從春季前後開始，這時的小麥、青稞等冬季作物由於經過長時間的乾旱，需要及時補充水分。從春節到6月，一般需要澆灌5至6次。6月收割完小麥、青稞，緊接著犁地播種玉米和蕎麥，等到7月出苗以後鋤草一次，再澆灌2至3次。8月施一次肥，到了9月底10月初就可以收穫玉米和蕎麥了，收穫完之後，將牛、羊放入地裏吃草，接著往地裏運肥料，再施肥犁地，播種小麥和青稞。一年之中，澆水10餘次。

瀾滄江從北往南，一路流經德欽縣的佛山、雲嶺、燕門等鄉，境內就有阿東河、五十一河、豐桶河、雨崩河、永支河等40多條較大的支流，這些河流是當地藏族群眾賴以為生的重要水源。從峽谷一路走下來，時不時地會看到山腳下或山腰上一處處小塊綠洲，這在植被荒涼的瀾滄江峽谷裏特別顯眼。可以想像，沒有這些山谷槽地中的一條條河流，人們是無法在此長期生存下來的。

雲南西部地區多受印度洋上吹來的西南季風影響，一年分乾濕兩季，一般5至10月為雨季，其餘月份則為旱季。旱稻、玉米多在4至5月播種，這時剛好進入雨季，作物可以充分吸收所需水分來發芽生長。在雲南，有時候也稱雨水灌溉的田地為「雷響田」，人們一般利用這些「雷響田」來播種旱稻。

正是由於不同海拔和氣候的影響，多種耕地類型同時存在。最有

代表性的如居住在怒江峽谷北部的怒族在 20 世紀 50 年代以前普遍實行季節性垂直遊耕。由於其水田、牛犁地、鋤挖地、火燒地以及黃連地五種地類依次從江邊分佈到高山，耕種時上下遠距離往返運肥運糧頗為困難，而且峽谷氣候垂直差異十分顯著，夏季深谷悶熱又多洪水，冬季山頂積雪氣候嚴寒，皆不宜常年久居。所以，過去丙中洛一帶幾乎所有的怒族人家都建有兩個住所，一個在江邊，一個在高山；一年之中根據農牧業的需要和氣候的變化，冬入深谷，夏處高山，形成了有規律的季節性垂直遊耕方式。[1]以下主要介紹四種類型的耕地。

（1）火燒地/輪歇地。火燒地是在熱帶和亞熱帶地區曾經存在過的一種「原始的」耕作方式，怒江解放前還大量存在，有些偏遠的地方甚至還保留到不久之前。火燒地/輪歇地的耕作方法是春天將森林砍倒，暴曬乾，播種前放火把樹木燒成灰燼，選擇吉日點種玉米或者撒播蕎麥等糧作物種子。按照傳統習慣，由男子手持木棍或竹竿在灰地裏戳洞，婦女和小孩則跟在後面點種糧食種子。莊稼長大後，最多只薅一次草即可等待收穫。火燒地的耕作特徵是砍燒一次可連續耕種 2 至 3 年，隨後即拋荒 7 至 8 年或 10 多年，待灌木長高或樹木茂盛時再次砍燒，因而是不固定的耕地。

一般來說，利用火燒地種植農作物需要具備以下條件：一是要有大面積可供用來砍伐焚燒的林地。因為一次輪歇往往要相隔 10 年左右，如果沒有足夠多的山林地，就不能支撐火燒地的耕作輪休方法。二是氣候條件，火燒地多分佈於熱帶和亞熱帶地區，因為在這一地區，雨水豐富，適合林木的繁衍生長，有利於植被的恢復。三是較少的人口壓力，火燒地上難以精耕細作，只能實行粗放型生產方式且產量較低，因而只能維持一定的人口數量，如果人口過多，這種粗放型

1　參見尹紹亭：《雲南山地民族文化生態的變遷》（昆明市：雲南教育出版社，2009年）。

耕作方式勢必遭到淘汰或進行改變。

（2）手挖地（鋤空地）。在峽谷兩側的陡峭山坡上，或者一些高山深處的狹窄槽地上，分佈著一些坡度極大的旱作地，這些土地，有的坡度甚至達到60度左右，當地人稱為「掛在壁上」的土地。在這些陡峭的斜坡地上無法進行牛耕，多靠人工來挖地進行耕種，因而被稱作手挖地。手挖地一般種玉米、高粱、小米、黃豆、蠶豆、洋芋、芋頭等作物。在山高坡陡、懸崖峭壁、澗溪縱橫、石塊較多的山區，特別是在草莽荊棘叢生、毒蛇猛獸出沒的地方，能找到一塊相對平整的土地進行開墾耕種是件不容易的事情。

為了生存，必須充分利用每一處陡坡、崖角、壁邊，種植各種豆類以及其它雜糧。在耕種季節，只見人們背著簍筐，冒著各種危險，在塊狀的狹小陡坡和崖壁上挖地，點種玉米，其後薅草；秋收季節，人們又飛快地穿梭其上，摘取玉米。手挖地是牛犁地的補充，在耕地極度缺乏的峽谷地區，即使其耕作難度非常大，人們也不會輕易浪費一片可耕地。雖然手挖地的產量極為有限，但對以維持生計為主的農民來說，能多產一點糧食就能減輕一點生活壓力。

手挖地由於翻土不深，施肥困難，因而土地比較貧瘠，再加上一些山腰地海拔較高、作物的生長期較長，因而很難實現一年兩熟的耕作方式，只能是兩年三熟或者一年一熟的輪作。一年一熟即每一年只種單一作物，如第一年種玉米，第二年種小麥，等到第三年再種蕎麥，通過這樣的作物輪換，來使得土地得到休養。兩年三熟的輪作方法是第一年的四五月種植玉米，九十月種植小麥；第二年的四五月小麥成熟以後，不再種玉米，而是等到七八月撒種蕎麥。手挖地是半固定的耕地，因為耕種幾年之後，土地肥力跟不上，人們就會逐漸將其拋荒，等到四五年土地的肥力恢復之後再行耕種。

（3）牛犁地。牛犁地是較為平坦的旱地，由於海拔較高或者缺

少灌溉水源，不能用來發展水田生產。牛犁地一般位於人們生活和居住的周圍與村莊附近，施肥方便，土地肥沃，耕作起來容易。因此，一般來說，牛犁地產量較高，是該區域內最為重要的一種土地利用形式。牛犁地一般用來種植玉米、小麥、青稞和蕎麥等作物，而且可以實行一年兩熟的復種耕作。例如，每年的四五月種包穀，九十月玉米成熟以後再種小麥或青稞，等到第二年的四五月收割麥子、青稞再種玉米，這樣迴圈不已，因而土地的利用率極高。牛犁地是適合精耕細作的土地，也是較為固定的耕地，可以連續耕種，不用輪歇使用。但在一些海拔較高的地方，由於作物的生長期長，每年只能播種一季青稞或者小麥。

（4）水田。在峽谷地帶，水田極為珍貴，因為能用來開墾為水田的土地非常少。水田的分佈一般取決於三個因素：第一要有充足的熱量，第二要有合適的地形，第三要有良好的灌溉條件。充足的熱量需要在海拔較低的河谷地帶；合適的地形要麼為平地，要麼為可修築為梯田的平緩地；良好的灌溉條件一般需要水量穩定的河流。只要這三個條件都具備，就可用來發展水田種植。

具備開發水田條件的大多是一些河谷邊的壩子和臺地。壩子和臺地一般位於山腳和河谷的緩衝地帶，坡度平緩，一般在 25 度以下，多數位於江水的拐彎處，也有一些由山間河流沖積而成的沖積扇、沖積堆等。在這些壩子和臺地之上，按照地勢高低修堤築壩、引水架槽，便成了可從事農作物種植的梯田。在怒江和瀾滄江兩岸，壩子和臺地數量較少。而在怒江河谷，較大的沖積扇和沖積堆有蠻因壩、丙貢壩、賴茂壩、六庫壩、燈籠壩、上帕壩、永垃嘎壩、丙中洛壩等；在瀾滄江河谷，有兔峨壩、營盤壩、石登壩、中排壩等。這些壩區，都是該區域目前主要的水稻和糧食產地。秋季因寒潮侵襲會形成低溫，對水稻的產量威脅很大。

　　在瀾滄江邊的乾熱河谷中，主要分佈著兩種類型的土地：一是平壩上的水澆地，二是山坡和溝谷裏的旱地。水澆地可以一年耕種兩季，而旱地只能每年耕種一季。土地是當地藏族群眾依賴程度最高、利用強度最大的自然資源，很多人家雖然都是農業、牧業、商業兼營，但是農業仍然被放在第一位。水澆地是當地的基本農田，也是糧食生產的主要來源，一般種青稞、玉米和小麥；旱地是輔助農田，產量不高，除了種玉米，主要用來種土豆和蔓菁。在耕地總面積中，基本農田約占 80%，都在平壩地區，只有少量耕地在山坡上。當地農業均為自給自足型，所產糧食很少出售；因為不能生產大米，為了改善飲食結構和提升生活水準，每年每家反而從市場上買進數百斤大米。

　　由於政治、生產方式、醫療條件等方面的原因，20 世紀 50 年代以前，當地的少數民族無法在江邊居住，固定耕地面積較少，一般只在 20%左右。新中國成立後，在黨和政府的關懷下，部分怒族被動員來到了江邊居住。經過幾十年的開發，火燒地、輪歇地與固定耕地所佔的比例發生了變化，怒族因此過上了安居樂業的生活。江邊的固定耕地由於坡度小、土壤肥，地裏的石頭等雜物少，適宜犁耕，產量較高，已經成為當地人們維持生計的主要糧食生產地。

　　但是，在此後的「大躍進」和人民公社化期間，出現了與生產方式和自然條件不相符合的政策導向。當地政府不顧怒江和瀾滄江兩岸少數民族大多居住在不宜農耕的高寒山區和峽谷山區，強制推行「以糧為綱」的生產方針，迫使少數民族大規模毀林毀草開荒種糧。在「學大寨、趕大寨」的浪潮下，有的地方迫使群眾在 25 度以上的山坡上開「大寨田」，搞人造平原。此外，對糧食的生產品種也追求統一，有些地方甚至提出「槍斃旱谷，打倒小紅米，消滅老苦蕎」的錯誤口號，全部山地只准種玉米，從而使得原本適應環境的多種生產方式遭到破壞。喜好酥油糌粑的藏族人民曾被強令種植小麥，不讓種青

稞，結果藏族人民因吃不上糌粑而產生不滿。在適合種植糯谷的地方，有關人員認為糯谷的產量不高而不允許種植，甚至把已經栽下的糯谷秧苗拔掉而改種其它稻穀。結果從外地引進的「優良品種」因不適應氣候和土壤條件而大大減產，使得原本糧食生產自足的地區嚴重缺糧，需要從外地調入糧食來維持人們的生活。這些事件都是違背實際自然條件造成的。[2]

　　20 世紀 80 年代初，經過人民公社化運動的貧苦群眾，抓住家庭承包責任制的大好政策，紛紛上山砍樹開荒、擴大耕地面積以解決溫飽問題，幾乎家家戶戶都在承包地外獲得了數畝開荒地。90 年代以來，由於農用有機化肥的大量使用、良種的引進以及水利條件的改善，糧食畝產量大大提高，一畝地可以頂得上過去幾畝地的糧食產量；與此同時，市場得到開放，人們可以通過其它途徑換來大米等自己喜歡的食物，人畜用糧問題基本得到解決，許多村民已經放棄了產量微薄的開荒地。一些農戶在原來的荒地裏甚至在承包的旱地中自動退耕，種上了經濟林木。

第二節　作物種類和農事活動的地方性知識

一　作物種植模式與時節劃分

　　碧羅雪山處於西南橫斷山區，由於地勢高低差異太大，因而氣候各不相同。河谷狹地，氣候較熱；山腰地帶氣候涼爽、雨量較多、濕度較大；山頂寒冷，霜期較長，每年 9 月至次年 1 月為降雪降霜期，

2　參見郭家驥：《發展的反思——瀾滄江流域少數民族變遷的人類學研究》（昆明市：雲南人民出版社，2008年）。

夜積晝融。由於氣候差異，農作物的種類、種植時節和成熟時期也各有不同。江邊氣候較熱，一般在 3 月先種江邊的耕地，再及山上。收割順序也是先江邊後山上。江邊除了能種植山腰地帶所能種植的作物外，還可以種植水稻、高粱、花生等作物，也可以栽種桐樹；山區地帶一般種植玉米、小麥、青稞、蕎麥、漆樹、核桃等作物；山頂則可以種植黃連等藥材。

民國以前，碧羅雪山兩麓的農作物種類相差甚多。東麓的瀾滄江峽谷，上接德欽，下連維西，和麗江以及瀾滄江下游的漢族地區交往頻繁，農業生產相對較為發達，作物種類也較為完備；而西麓的怒江峽谷，由於交通險峻，極為閉塞，在殖邊隊未進入以前，人們大多以玉米、蕎麥等雜糧為生，很少種植水稻、小麥等。民國以後，伴隨著邊疆地區的開發和治理，農作物的種類也開始得到擴展和推廣，人們的食物種類也開始變得豐富起來。《菖蒲桶志》曾記載：

> 設置後，官署見其生計薄弱，極力勸令種植小麥，盡係陽奉陰違。民國十二年，經梁委員之彥購辦豆麥子種，發給三、四區。勸令播種，終歸無效。民國二十年，由陳委員作棟，電由維西岩瓦購辦蠶豆、大麥十餘石，經陳委員應昌發給三、四區人民，勒令栽種，嚴定賞罰。現經查勘，均已播種出芽，此後三、四區小麥必能成效。民國十七年，電姜委員和鷹購備棉種，發交打拉火頭試種，因水過多，芽苗出土即爛，毫無效果。紅薯、洋芋、花生等，試驗種植，均屬相宜。迄今統計，紅薯每年可得數百斤；洋芋則一、二兩區盡皆種植，數難估計；花生每年可得千斤。[3]

3　菖蒲桶行政委員公署編纂：《菖蒲桶志》，李道生主編：《怒江文史資料選輯》（第十

　　由此可見，小麥、蠶豆、紅薯、洋芋、花生等作物在民國以後才開始在怒江地區推廣種植。

　　在農作安排上，當地的作物種植主要有三種模式：第一種是一年兩熟的復種模式。人們在春季種植玉米和水稻等大春作物，等到秋季收穫以後，再種植小麥、青稞、蠶豆等小春作物，這樣土地在一年之內得到充分利用。適合這類耕作模式的主要是一些海拔相對較低的河谷和半山腰地帶的肥沃土地，而且坡度不能過大，一般使用牛來犁地。這類耕作模式在東西兩麓的分佈比較普遍，是該區域主要的耕作模式。第二種是兩年三熟的輪作制。即第一年種植大春作物和小春作物，第二年的夏秋時節只種一季作物。例如，第一年的春天種植玉米，秋季接著種植小麥，等到來年的七八月再種一次蕎麥。這類耕作模式多用於一些坡度較大的手挖地，是為了保持土地的肥力，防止利用過度導致地力衰竭。第三種是單季作物耕作制。這種耕作模式基本上位於海拔較高的高寒山區，典型的作物是青稞和小麥。由於缺少熱量，作物的生長期較長，不能進行小春作物的種植。也有一些貧瘠的山坡地，為了節省肥力，也會採取單季輪作的耕種模式。例如，第一年種植玉米，第二年種植小麥或青稞，等到第三年再種蕎麥，這樣通過不同作物的輪種來使得肥力得到休整和恢復。

　　在長期的勞動過程中，當地少數民族積纍了一套適合當地氣候和環境的農業科學知識。人們借助各種野花的開放、山鳥的鳴叫以及山影映照位置的高低等來判斷和掌握生產節令，用以安排農作物的種植時間。對於農民來說，農事活動的時間安排每年並不固定，而且家庭之間有時也會有差異，人們大多憑藉自己的經驗，根據自然界的變化來判斷作物的播種和收割時間。

八輯），政協雲南省貢山獨龍族怒族自治縣委員會、政協雲南省怒江傈僳族自治州委員會文史資料研究委員會1991年刊印，頁35。

　　《菖蒲桶志》中記載：「夷人不知節令氣候，傈僳、曲子每屆春季，聽雀叫即種包穀，古宗、怒子亦屆春季櫻桃開花即種包穀，又屆秋末胡桃葉落種青稞、小麥。」[4]有些少數民族將雪和播種莊稼聯繫起來，認為山頂的積雪未化，說明播種莊稼還算及時；如果積雪已化，說明播種的季節已經過去，再播種莊稼便不會豐收，等等。傈僳族依據一年中的主要活動，將他們的時節依次分為春耕月，即 1 至 3 月；種植月，即 4 至 5 月；薅草月，即 6 月；撒蕎月，相當於 7 月；秋收月，相當於 8 至 9 月；狩獵月，即 10 月；煮酒月，相當於 11 月；過年月，即 12 月。

　　新中國成立以前，怒族沒有文字，當地群眾不會計算日曆，月亮看不見了，就認為過了一個月，月亮出來了就為下月的開始，月亮圓時即為月中。人們憑藉聽鳥鳴、蟲叫以及看樹木發芽、開花等來進行生產。從桃花開花時算起，一年的季節依次劃分為：「燥那哈」（3 月），背柴、犁秧田，做春耕準備；「利哈」（4 月），撒秧、薅包穀等；「娃哈」（5 月），栽秧、點玉米；「雀哈」（6 月），點包穀、薅包穀、撒飯豆；「十哈」（7 月），種稗子、薅玉米、薅芋頭、撒飯豆；「斯哈」（8 月），薅穀子、整蕎子地；「顧哈」（9 月），撒蕎子、收玉米、找蜜蜂、打老鼠；「此哈」（10 月），收穀子、收飯豆、收稗子；「此提哈」（11 月），挖芋頭、打蕎子、收麻；「基叫哈」（12 月），砍柴、煮酒、剝麻；「頁齊哈」（1 月），婚嫁、做客、喝酒、織布、背柴；「尼圖哈」（2 月），修房、修豬圈，準備農具。[5]不同的季節和特

4　菖蒲桶行政委員公署編纂：《菖蒲桶志》，李道生主編：《怒江文史資料選輯》（第十八輯），政協雲南省貢山獨龍族怒族自治縣委員會、政協雲南省怒江傈僳族自治州委員會文史資料研究委員會1991年刊印，頁35。

5　參見雲南省編輯組、《中國少數民族社會歷史調查資料叢刊》修訂編輯委員會：《傈僳族怒族勒墨人（白族支系）社會歷史調查》（北京市：民族出版社，2009年），頁120。

定的農事相聯繫,人們通過這種對應關係來安排自己的生產和生活。

農作活動有忙閒之分。每年的 3 月至 10 月底是人們的農忙階段。一般到了 3 月就算正式步入了農忙時節,農民要逐漸開始犁田、平整田地、撒秧苗、種玉米,為剛剛越冬的小春作物除草,碧羅雪山東麓乾旱地區的藏族群眾還要為小麥和青稞澆水;4 月,薅田除草,水田裏插秧苗;7 至 8 月,收玉米,種甜蕎;9 至 10 月,收打穀子。等到這些大春作物收穫完了,人們緊接著又要播種小春作物,這樣,一直忙碌到 10 月底或 11 月初。

11 月至第二年 2 月是一年當中的農閒階段,村民要麼在家休息,要麼出門做副業。在這段時間裏,晴多雨少,柴火也容易乾燥,是村民拾柴和砍柴的好時機。火在人們生活中是不可或缺的。村裏的人大部分都燒柴火,住在山上的人家更是一年四季都要生火塘避寒、做飯。因此,人們在這一階段準備柴火供過年、農忙季節以及每天生活所用。此外,修建房屋以及人們的婚嫁儀式等社會活動也多在這一階段進行。

由於碧羅雪山兩麓處於同一緯度,農作活動的時間安排也基本相同,差別主要體現在作物的種類以及人們的種植目的上。一般而言,農民的種植對象主要有兩種:一是糧食作物,主要用來滿足家庭自身的生存需要;二是經濟作物,主要為工商業提供原料。怒江地區的農業種植主要以糧食作物為主,間或發展一些林業經濟,產業比較單一;而瀾滄江峽谷的農民既種糧食,也栽培葡萄,收入多元化。從作物的種植情況來看,怒江地區較為傳統,仍然以自給自足的農業生產方式為主,而瀾滄江地區則明顯地受商業化影響,農民已經不再是簡單地維持生存,而是為了追求更高收入,以更好地享受物質生活。

二　作物種類及用途

　　按照用途，可以將當地的作物主要分為三類，分別是糧食作物、油料作物和經濟作物。其中，糧食作物主要有玉米、水稻、小麥、蕎麥、青稞、馬鈴薯和蠶豆等，油料作物主要有漆樹油、核桃油和菜子等，經濟作物包括葡萄、油桐以及黃連等藥材。

（一）糧食作物

1　玉米

　　玉米是怒江峽谷和瀾滄江峽穀種植最為廣泛的一種糧食作物。夏天的峽谷裏，無論是在河谷還是在山間，無論是在平地還是在陡坡，一路走過，除了極少數的水稻田外，幾乎全為玉米地。玉米的適應性極廣，其垂直分佈上限可以達到 2,900 公尺左右，非常適合橫斷山區的氣候和地形。玉米是一種高產作物，一畝普通牛犁地的產量可以達到七八百斤。除了為人們提供一定的口糧，還可以用來餵養牲畜、釀酒，因此玉米以其廣泛的用途受到山區人民的喜愛。

　　阿圖洛·瓦爾曼在《玉米與資本主義》一書中說：「玉米早期出現在中國西南省份和周圍發展緩慢的地區：山區和丘陵不能開展帝國其它地區普遍推行的農業方式。除了少數例外，玉米在中國是窮人和少數民族的食物⋯⋯16 世紀以來中國人以各種方法食用玉米：早收的玉米被當作蔬菜食用，而成熟後收穫的玉米則被磨成粉，而後加工為玉米餅或玉米粥（勞爾非，1906）。玉米還被用來製作燒酒、啤酒，甚至有時蒸餾成威士卡。」[6]這表明玉米在中國有多種用途，種

6　阿圖洛·瓦爾曼著，谷曉靜譯：《玉米與資本主義》（上海市：華東師範大學出版社，2005年），頁45。

植廣泛。具體而言:「人們在各種緯度種植玉米,而高緯度地區更廣泛。玉米曾是夏季作物,在季風季節生長。它易於為刀耕火種的農業方式接受,同時可以和其它作物間種。雖然人們對稻米有極大的渴求,玉米仍是山區居民的主要食物。」[7]因此,在不同的高山谷地見到玉米不足為怪。

關於玉米的種植時間,沒有固定規律。一般來說,在地勢較低、氣溫較高的河谷地帶,氣溫回升得比較早,三四月就可以開始下種了。另外,在一些上季沒有種植小春作物的土地裏,下種的時間也會比較早,這樣等到七八月就能吃到早熟的青玉米了。但是,在高寒的山區地帶,早種往往面臨著雪凍、倒春寒等氣候災害,因而收成很難保證。早玉米的播種面積一般較小,大面積種植包穀都要等到 5 月麥子收割完畢之後才開始。當地的玉米種植方法極為多樣,以下簡單介紹幾種。

(1)點種法。點種法非常普遍,多盛行於一些山區溝壑地帶,筆者在農村時也曾經親身體驗過這種「原始」的播種方法。點種方法又分很多種。在刀耕火種時代,人們用一根削尖的竹竿或木棒做成點種棍,在地上戳洞;點種棍戳進土裏以後,往一邊壓一下,投入種子,再往回壓一下,拔出點種棍,這樣,泥土就會自然落下將種子埋住。在不能用牛犁的陡坡地帶,人們先用鋤頭挖地,疏鬆土壤,再挖深淺適宜的小坑,往裏面投入玉米種子,然後順勢用腳撥土將種子掩蓋,最後再將小坑抹平。也有用牛犁的方式來播種玉米的,即一個人先在前面用牛犁出溝渠,後面的人緊跟著將玉米種子投放到犁溝中間,當牛返回犁另一道的時候,掀起的土壤便順勢將之前播下種子的溝渠掩埋住。

7　阿圖洛・瓦爾曼著,谷曉靜譯:《玉米與資本主義》(上海市:華東師範大學出版社,2005年),,頁43。

（2）行壟種法。行壟種法一般適合於比較平坦的土地。播種前先要犁地施肥。在平整好的土地裏，用一根長繩子兩頭各拴綁一個削尖的竹竿或木棍，將其固定在土地兩頭，就成了一條標準線；往這樣的兩根標準線中間填土，就起成了一個土壟，在壟上按照一定的間距打洞，再點播下種子，這樣，將來長出來的玉米就成為整齊的一行行的了。行壟種法易於排水防澇、施放肥料、清除雜草，還可以在整齊的行間距裏間種其它作物，因而具有很大進步。

（3）薄膜覆蓋法。近年來，一些地方又開始採用薄膜覆蓋的方法來種植玉米。薄膜覆蓋法是在行壟種植方法的基礎之上發展起來的一種較為先進的種植方法，筆者在德欽縣燕門鄉的拖拉村就曾看到過當地的藏族群眾用這種方法來種植玉米。在通往村子的山坡上，地裏一行行的白色薄膜在太陽的照射下閃閃發亮，格外引人注目。薄膜覆蓋有助於玉米保墒保溫，在氣候多變的山區地帶，無疑能給作物的順利生長帶來一定保護。但是，在那些陡峭的山坡地上，此種方法依然不能得到應用。

和小麥等作物相比，玉米之間的空際要大很多，因而可以用來間種一些豆類和瓜類作物，以提高土地的利用率。鑒於玉米在山區地帶的重要性，人們對玉米的關照似乎更多一些。當玉米苗長到 1 尺多高的時候，就要鋤草一次，同時要給玉米去苗（選苗），即在禾苗比較稠密的地方，將那些小的長勢不好的苗拔掉，每窩只留下一兩株長得比較健康的大苗。這樣，整個地裏的禾苗就會顯得比較均勻，而且將來長出來的玉米棒顆粒也比較大而飽滿；鋤下來的草和禾苗也不會浪費，可以帶回家餵豬和雞。

到玉米長到齊腰高的時候，人們還要給玉米「追一次肥」，因為這個時期正是玉米拔高和出穗的關鍵時刻，肥料充足與否直接影響到將來玉米棒的大小和收成情況。「追肥」的方法是在每棵玉米根部附

近挖一個小窩，抓一小把肥料投放進去，再用土掩蓋。施肥的時間一般在陰雨天和下雨前，這樣，肥料很快就會被稀釋化解，進而被玉米根部吸收。「追肥」一般用的是尿素等化學肥料，這一方法應該是當地近現代才有的事情。根據記載，以前人們都是播下種，鋤一次草，就等收穫了，因而產量不高。

玉米開始長粒以後，尤其是長到顆粒飽滿的時候，是人們極為操心的時候，因為每年到了這個時候，鳥雀和野獸就會前來糟蹋和損害莊稼。對玉米損害最嚴重的是山上的熊，當地人一般稱其為「老熊」。熊的體積龐大，所過之處，被撞斷和踩倒的玉米往往一大片，而且熊專挑大個的玉米，往往是掰下一個嚼一口便丟掉，繼而又去掰另一個。因此，一旦熊進入一片玉米地，就會破壞掉一大半，嚴重影響收成。由於熊對莊稼的損害如此之大，人們也想盡各種辦法來對付它們。以前，人們用毒箭和機關等方法來捕殺熊，人民公社化時期，為了保證生產，隊裏甚至組織群眾攜帶弩弓、獵槍等武器集體上山打熊。20 世紀 80 年代以後，禁獵的法令逐漸頒佈，熊等動物開始受到保護，政府沒收了人們的獵槍，不准人們隨便上山打獵，打死熊的人也會被追究責任。因此，人們只能想辦法來嚇唬熊，使其不敢靠近玉米地。

由於人類長期以來的圍捕和驚嚇，現在熊一般都是在夜間出來活動，因此，很多人白天勞動以後，晚上還要上山到地裏看護玉米。這也體現了當地人為了保護莊稼的辛苦和無奈，因為一旦玉米被糟蹋，一家人全年的口糧就要受到影響。雖然現在平常已經很難再發現熊的身影，但是熊吃莊稼的事情仍然時有發生。政府為了保護群眾的利益，目前已出臺很多措施補償農戶莊稼被野獸糟蹋造成的損失。具體辦法是：當災害發生以後，先要上報鄉里或縣裏，鄉里或縣裏再派專人前來核實和評估受災莊稼的面積和產量，根據核實的情況和賠償標

準對受害農戶進行經濟補償。政府對農戶的玉米受災補償其實是非常低的，目前每公斤玉米的補償金額只有 0.8 元，但是有總比沒有好，村民們對此也很無奈。

不過，收穫的心情總是喜悅的，也是急切和渴望的。玉米剛一成熟，村民們就紛紛進入地裏掰玉米棒子，大人小孩齊上陣，將掰下來的玉米裝進口袋裏、籮筐裏，一袋一袋、一筐一筐地背回家裏的院子和屋篷底下。為了保護這些來之不易的糧食，人們得用最快的速度將糧食從地裏轉移到安全的地方。玉米棒子掰完以後，過幾天就要砍掉地裏的玉米稈，為種小麥和青稞騰出地方。砍下來的玉米稈一般要晾乾了之後才背回家去，在冬天下雪的時候餵牛、豬等牲畜；有些離家太遠的山坡地的玉米稈，由於難以揹運回來，只好放火燒掉。

此外，當地的玉米還有老品種和新品種之分。老品種的產量不高，但是口感和品質較好。人們做玉米稀飯、爆玉米花都喜歡用老品種的玉米，而不喜歡用推廣的新品種，用當地人們的話來說，就是「不好吃」。因而，現在的新品種玉米雖然提高了玉米總產量，但是主要用來餵養牲畜和釀酒。

2 小麥和青稞

小麥和青稞在怒江和瀾滄江峽谷都有種植。小麥和青稞耐寒，都適合於海拔較高的山區和高原地區種植。在海拔較高的山區地帶，太陽輻射強，晝夜溫差大，有利於小麥和青稞積纍營養物質。小麥和青稞既是良好的越冬作物，也是山區人們的主要糧食來源。小麥磨成麵粉既可以做成粑粑，也可以做成麵條，糠麩還可以用來餵養畜禽；而青稞磨成面則可以做成糌粑，它們的秸稈也可以作為牲畜的飼料，因而青稞在山區的用途十分廣泛。

小麥和青稞一般在每年的 9 月和 10 月播種，而這段時間也正是

最繁忙的秋收季節。人們收完玉米後，緊接著就要種植小麥、青稞。播種小麥的時間既不能早也不能遲。如果種得太早，小麥就會在冬季拔節開花，容易凍傷造成減產；如果播種太晚會影響出苗率，也會影響來年春夏時節的包穀播種。另外，由於山區垂直氣候的差異，河谷低地和山腰、山頂高地的種植時間也存在差異，因此，種植時間要綜合考慮氣候和作物銜接的因素。

一般來說，到了10月中旬左右，就可以開始種植小麥和青稞。先是犁地，要犁兩道。第一道是深犁，主要是翻土、鬆土和犁掉地裏的玉米根莖。清理和疏鬆好土地以後，便往地裏背肥料，給土地施底肥。肥料有農家肥和化肥，肥料要均勻地揚到地裏面，施完肥料以後便播撒種子。由於這裏的土地多為狹小的塊狀，不適宜用壟行來播種，適合比較密集的撒播方法。撒播完麥種以後，再用牛犁一道地，這一道要犁得比較淺，一來可以將種子翻蓋到土壤下面，二來可以進一步均勻地裏的肥料。犁完的土地不再需要用耙來磨平。當地鳥雀多，為了防止播種下去的種子被鳥兒啄走，人們要在地裏面插上各種用來嚇唬鳥兒的草人、旗幡等。

禾苗長出來以後，村民就很少再進行田間管理。到了第二年4月，小麥和青稞逐漸成熟，這時候又到了看護莊稼的繁忙時節，驅趕鳥雀、猴子等鳥獸成為人們的一項經常性活動。麥子和青稞成熟以後，山間谷地一片金黃，在綠色的草木襯托下顯得格外漂亮。當地人們收割小麥有兩種方式：一種是用鐮刀將麥稈從底部割斷，麥稈和麥穗一起收回家中；另一種是只將麥穗割下，麥稈仍然留在地裏。小麥收到家中後先堆放晾曬，等到空閒的時候再脫粒。

3 水稻

由於氣候、地形和灌溉條件的限制，水稻在怒江峽谷和瀾滄江峽

谷的分佈極少。《纂修雲南上帕沿邊志》中曾記述：「米，帕屬之稻分水旱兩種。種水田者曰水穀，種旱地者曰旱穀。旱穀殼紅，米最白，唯略乾，油質甚少，煮食不甚增長；水穀殼黃，米色稍亞於旱穀，性最軟糯，油汁甚多，煮食亦最發長。然僅江邊一帶能種。高山之地氣候寒冷，不甚相宜，概種雜糧。以故帕屬雜糧最多，米穀甚少，各怒、傈食米者尚屬寥寥。且人戶稀少，村落零散，江邊蕪地尚多。將來邊地進化，漢人遷移繁盛，加以官署勸導，提倡陸續開墾，隨時改良，米穀自多也。」[8]由此可見，當時水稻在人們的糧食比例中所佔的比例極小，很多人家基本上都是以各種雜糧為生，很少能夠吃到白米飯。

民國以後，隨著政府對邊疆地區開發和管理的重視，怒江峽谷兩邊的水稻種植才逐漸多起來。新中國成立後，在國家「以糧為綱」的政策引導下，怒江峽谷和瀾滄江峽谷的耕地資源進一步得到開發，在政府動員和安排下，一部分原來居住在山區地帶的少數民族群眾遷移到了河谷下面，人們將那些土地平坦且可以解決水利灌溉的地帶陸續開闢為水田。經過半個多世紀的發展，如今峽谷中適合開墾為水田的土地已經非常稀少，想要進一步發展水田農業就顯得十分困難了。

瀾滄江峽谷的稻田主要位於德欽縣的燕門鄉和維西縣的望天閣等少量地方。茨中村處於瀾滄江峽谷腹地，整個村落散佈於江面之上的一個緩坡臺地上，全村有耕地面積 955.11 畝，其中水田 166.63 畝、旱地 788.48 畝，雖然水田的面積只占很小比例，但是在水田稀少的峽谷地區，這已經算是比較大規模的水稻種植了。茨中村海拔在 1,800 公尺左右，日照充足，山上有水勢較大的河流從村子中間穿

8　《纂修雲南上帕沿邊志》，《怒江傈僳族自治州文物志》編纂委員會編：《怒江傈僳族自治州文物志》（昆明市：雲南大學出版社2009年），頁344。

過，因而有充足的水源可以用來灌溉。夏季的茨中，從山腳底下的村莊到江邊懸崖，一眼望去，全是綠油油的稻田，一株株的秧苗長得茁壯挺拔，稻田邊的水渠縱橫交錯，潺潺的水流聲不絕於耳。

茨中村的西邊，翻過碧羅雪山，即為怒江州的貢山縣。貢山縣的丙中洛鄉也是栽種水稻比較集中的地方，丙中洛鄉政府所在地的丙中洛壩子，面積為 15 平方公里左右，是怒江峽谷中地勢比較開闊的地方。丙中洛壩子的四周群山環繞，其海拔和茨中基本相同，在 1,800 公尺左右，日照較為充足。人們沿著壩子，從上往下修建了層層梯田，而且通過挖渠架槽，將高處的河流溪水引入田地之中，形成了良好的灌溉條件，再加上人們犁地、施肥等精耕細作，水稻長得格外好。據甲生村主任介紹，每畝稻田可以產稻 500 公斤左右。目前，水稻已經成為甲生村和附近的丙中洛村的主要糧食作物，人們除了自己食用外，還將多餘的水稻拿去街上出售。

攀天閣鄉位於維西縣城以北，東、南與永春鄉接壤，西及西北端與白濟汛鄉連接，東北與塔城鄉為鄰，境內的安益河、工龍河、阿克河、菖蒲底河自高山流入永春河。全鄉最低海拔 1,750 公尺（新華村蒼蒲底）、最高海拔 2,760 公尺，相差 1,010 公尺，屬高寒山區，地勢呈梯階狀分佈，適宜種植多種農作物。

攀天閣是世界上高海拔產稻區之一。在清代及以前，攀天閣盆地原為沼澤地帶，清末開鑿落水洞將水泄出後攀天閣漸成平壩，此後逐漸開墾為農田，居民日漸增多。傳說在 1916 年，當地的居民曹氏和彭氏在回鶴慶老家掃墓的途中，發現了一種叫作「黑谷」的寒帶穀種，遂將其帶回攀天閣進行試種，取得成功。到 1949 年，攀天閣壩子種植稻穀面積已達 280 多畝。20 世紀 70 年代，當地又培植出一種叫作「攀龍一號」的稻種，一直種植至今，使得海拔在 2,000 多公尺以上的地區有了穩定的水稻產量。到現在，攀天閣壩子上的水稻種植

面積已達 1,500 多畝，畝產可達 800 斤以上，大米也已經成為當地人們的主要食糧。

　　然而，總體上水稻在峽谷地區的分佈極不均勻，大多數地方的人們只能以玉米和小麥等作為主要的糧食來源。在以前交通不方便、商業不發達的時候，人們想吃到米飯是很困難的；隨著公路的修建和商業的繁榮，如今在峽谷的任何一個鄉鎮街道都可以買到大米了。人們利用多產的玉米、小麥和一些豆類作物，積極地從事畜禽的飼養，通過這些副業收入到街上買回大米。如今，村民吃大米飯已經是一件很平常的事情了。

4 蕎麥

　　蕎麥也是山區的一種主要糧食作物，而且當地的人們很早就開始種植了，明初錢古訓所著的《百夷傳》中就已經記載，怒族「居山巔，種苦蕎為食」。蕎麥生長期短，可以在貧瘠的酸性土壤中生長，不需要過多的養分和氮素，下種晚，在比較涼爽的氣候下開花，適合在高寒地區生長。通常，人們將其去殼後磨成麵食用。

　　蕎麥分兩種，一種叫甜蕎，一種叫苦蕎。甜蕎粒為三棱卵圓形，表面光滑，最外邊的是果皮，脫去果皮即為蕎麥米。蕎麥米與大米、黃米、小米的食用方法一樣，煮粥、蒸飯都可以，蕎麥米進一步加工成為蕎麥麵粉。苦蕎表面有三條深溝，一般很難脫去果皮成為蕎麥米，大多直接加工成苦蕎粉食用。蕎麥對土地的要求不高，相反，如果土地的肥力太好，反而會使蕎麥只長稈而不結子或少結子。所以，當玉米地的肥力下降時就可以種植蕎麥。蕎麥子粒、皮殼、秸稈和青貯都可餵養畜禽，而廣泛用作牲畜飼料的是碎粒、米糠和皮殼。

　　蕎麥種植較為簡單。先將蕎麥種子用手撒到地裏，再用鋤頭挖一遍地，將種子用土覆蓋。撒種子雖然是一件看似簡單的工作，但也要

把握好種子的稠密度，如果種子撒得太密集，就會影響蕎麥的生長。種蕎麥也要掌握好時間。如果播種太早，則結子不多；而播種得晚，長出的顆粒則不飽滿。蕎麥的生長期較短，每年的七八月播種，到11月中旬就可以收穫。

蕎麥雖然頗具營養，但口味遠遠不能與大米、玉米和小麥相比。隨著水稻、玉米和小麥在當地的大面積種植，現在很少人再種蕎麥，尤其是退耕還林以後，高山上用來播種蕎麥的土地越來越少了。由於蕎麥生長期短，而且不挑土地肥力，因而適合用來和其它作物進行輪作。例如，在山坡地上種植幾年包穀和小麥之後輪換種蕎麥，可以使得土地的肥力得到恢復和保持。

5 其它作物

（1）蠶豆。人們歷來認為蠶豆是懶莊稼，產量不高不穩，垂直分佈在海拔 600 至 2,500 公尺之間。一般來說，蠶豆的播種和收穫時節與小麥差不多，也是 10 至 11 月播種，來年的五六月收穫，因此不會影響到玉米和水稻等大春作物的種植。蠶豆是水稻的優良前作，能培養地力，是優良的輪作莊稼。

（2）薯類。從垂直分佈情況來看，海拔 1,800 公尺以上以馬鈴薯為主。馬鈴薯生長期短，適應性強，不論山區、壩區、板田，在大春、晚秋都可以種植。海拔 1,600 至 1,700 公尺之間以馬鈴薯、甘薯交錯分佈，1,600 公尺以下以甘薯為主。甘薯又名山芋、紅芋、番薯、紅薯、白薯、白芋、地瓜、紅苕等，因地區不同而有不同的名稱。甘薯是喜溫作物，耐儲藏，一般在日照充足的地方產量高、品質好，尤其是山間、河邊的砂質土壤，有利於薯塊的形成和膨大。怒江栽種洋芋的時間不長，《菖蒲桶志》中記載：「菖屬洋芋分洋、中兩種，洋種由法國傳教士運來，先發與教友栽種，發育極易，形大味

淡。中種形小味濃，每年可種兩季，可以入菜蔬。」[9]而天主教傳入貢山的時間已經到了 19 世紀末期。當地也有一種說法，洋芋是從瀾滄江峽谷的維西地區傳入的。當時的商人翻越碧羅雪山來到怒江峽谷，人們用一個雞蛋換取一個洋芋。

（3）旱稻。旱稻一般在農曆五月點種、十月收割，一般用來釀酒。

（4）天仙米。天仙米一般套種於玉米地中，玉米成熟時天仙米也成熟了。該種作物可以磨成麵粉做成粑粑吃，也可以與玉米粉混合在一起蒸、煮，此外還可以和玉米混在一起煮酒。

（5）小米。小米一般也是套種在玉米地中，和天仙米一樣，等到玉米成熟時便可以收割；一般用來煮稀飯和釀酒。

（6）燕麥。燕麥一般秋季撒播，單產較低；可以用來磨面，也可以釀酒。

（二）油料作物和經濟作物

1 漆樹油

漆樹很早就開始在怒江地區種植了，漆樹不僅可以用來割漆，漆樹子還可以用來榨油食用。《纂修雲南上帕沿邊志》中曾記載：「漆油：帕地怒、傈遍種漆樹，多不割漆，結子後取子榨油，以碗盛之。凝結後去碗取出，狀似牛油。怒、傈生活簡單，中等人家使用豬油、胡桃油等，然亦摻雜漆油食用，貧寒之戶概食漆油。唯出數甚廣，每

9　菖蒲桶行政委員公署編纂：《菖蒲桶志》，李道生主編：《怒江文史資料選輯》（第十八輯），政協雲南省貢山獨龍族怒族自治縣委員會、政協雲南省怒江傈僳族自治州委員會文史資料研究委員會1991年刊印，頁38-39。

年除本地食用外，尚餘數萬斤，運銷內地。」[10]可見，漆樹當時在怒江地區的栽種規模之大。

在菜子和花生未傳入以前，漆樹油是當地少數民族的主要油料來源。漆樹油是一種具有地方特色的油料，味道不錯。一些外地人食用漆樹油後會過敏，而當地人對其已經完全適應。現在，人們食用經過特別加工和處理的漆樹油不會再產生過敏的現象。當地村民有一道獨特的待客菜稱作漆油雞。其做法就是用漆樹油來炒雞肉，然後再加水燉煮，不僅味道可口，而且營養豐富。村裏的婦女生完孩子以後，漆油雞通常是最好的補品。如果在漆油雞中加些白酒，就成了下拉。這是當地有名的一種保健食品，對祛風除濕非常有效。

2 核桃油

核桃樹在怒江和瀾滄江峽谷的栽種極為廣泛，無論是在房屋周圍的空地裏，還是在村莊周圍的山坡上，到處可見一棵棵枝繁葉茂的核桃樹。核桃樹是一種木料和果實兩用的樹木，樹幹是質地良好的木料，核桃是一種用途廣泛的油料。核桃有脆殼核桃和鐵核桃兩種。前者皮薄易碎；後者堅硬如鐵，食用起來頗為不便。核桃樹非常適宜峽谷和山區的氣候，每年的 8 月底 9 月初，是核桃成熟的季節。這時候，核桃外面的綠皮和裏面的核開始脫離，熟透了的核桃皮會自動裂開，有些會直接掉下來。

撿核桃是夏末秋初時節當地人們的一項主要活動。在核桃成熟的季節，只見人們爬到樹上，揮舞著一根長竿子「劈裏啪啦」地將核桃敲打下來，樹下的人就邊撿邊用袋子和籃子裝起來。在一些夠不到的樹枝上，用腳猛力踩踏或者用手使勁搖晃樹幹，核桃也會紛紛掉下。

---

10 《纂修雲南上帕沿邊志》，《怒江傈僳族自治州文物志》編纂委員會編：《怒江傈僳族自治州文物志》（昆明市：雲南大學出版社，2009年），頁344。

收穫山上的核桃一定要及時，因為松鼠和一些尖嘴鳥會來偷食和破壞。人們常常會發現這樣一個現象：大大的核桃下面有一個小洞，裏面的核桃仁已經被掏空。但是在當地，這段時間也正是人們的秋收時節，很多家庭沒有足夠的勞動力專門去收核桃，從而造成很大浪費。一些人家，甚至一直等到 10 月，才去山上撿拾由於成熟自動落下來的核桃。核桃收回來以後，先要將外面的綠皮去掉。這個時候的外皮和內核已經分離，所以只要用手一掰或者用腳稍微一踩，外面的皮就會被弄掉。然後，將核桃曬乾，等到農閒的時候，再將這些曬乾的核桃一一敲碎，取出裏面的核桃仁，收集足夠多的時候，就可以熬製核桃油了。

3 菜子

菜子在當地的種植是近幾十年來才有的事情。菜子是越冬作物，既能充分利用冬天閒置的土地，也能為人們提供優質的油料來源。菜子適合集中種植，產量較高，相比於漆樹油和核桃油，菜子為人們提供的油料更加充足，因而受到人們的廣泛喜愛。菜子剛傳入的時候，人們還沒有完全掌握種菜子的技術，只是隨便撒下種子就了事，產量極低。現在，人們都是首先把地犁好，將大的土塊全部犁碎或者用鋤頭打碎；然後整齊地挖好格子，再放進菜子，蓋上土，在上面撒些復合肥；等到一個多月後，把長出來的幼苗拔掉一部分，只留下幾棵菜子苗，順便拔掉雜草。

在江邊的時候，筆者曾親眼目睹了一戶人家在地裏種菜子的過程。由於坡上的土地面積比較小，並且分散成好幾塊，不適合用牛來犁地。該家男子先拿鋤頭把地挖了一遍，刨除大塊的泥土，然後用鋤頭背將泥土打碎，再把土塊壘好；女子背著孩子，也一起幫忙壘土。平整完土地以後，男子在前面用鋤頭挖出整齊的小窩，女子跟在背後

點放種子，並用土把小坑填好，等土地全部播種完，再用瓢給每個坑澆水。這樣，菜子就算種完。這時，他們又收拾好工具，轉向另外一塊土地。儘管菜子在人們的食物中扮演越來越重要的角色，但是仍然面臨很多問題。在丙中洛鄉的時候，筆者觀察到這樣一種現象，就是在冬季，壩上的大部分土地仍然閒置，因為冬天人們要在地裏放養牛羊等牲畜，農牧矛盾使得這些土地並不能得到很好的利用，實為可惜。另外，當地的雪災和寒潮災害嚴重，有的年份雪量過大或者發生倒春寒，菜子會發生減產和絕收的情況，因而風險極大。

4 葡萄

葡萄是瀾滄江峽谷的主要經濟作物。19 世紀末，法國傳教士來到瀾滄江地區傳教的同時，也帶來了葡萄的栽培技術。新中國成立以後，葡萄在該區域裏的種植停止了二三十年，但是在 20 世紀 90 年代初，葡萄的栽種又恢復了。如今，從西藏的鹽井一直到德欽的茨中，沿著峽谷往下，都可以看到一排排的葡萄架，當年法國傳教士帶來的葡萄又漫山遍野地種植起來了。這種叫作「玫瑰蜜」的葡萄在法國本土已經絕跡，但在雲南偏僻的深山中依然生長良好。由於經濟效益明顯，政府現在也開始推廣和鼓勵農民種植葡萄。

茨中村是瀾滄江峽谷裏種植葡萄比較密集的地方之一。全村 200 多戶人家，幾乎每家現在都種有 12 畝葡萄，有些人家甚至種到 3 畝或以上（如村裏的吳老先生）。吳老先生全家信奉天主教，由於目前去茨中旅遊的人逐年增多，吳老先生在自家院子裏建了一個小旅館，專門為遊客提供食宿。談到葡萄種植，吳老先生感觸頗深。據他回憶，茨中村在改革開放以後的葡萄種植是最先由他帶動起來的，20世紀 90 年代初，他曾專門去西藏鹽井（西藏境內唯一有天主教的地方）學習過葡萄的栽培和釀酒技術，現在家中種有 3 畝葡萄，葡萄已

經成為全家的主要經濟來源。此外，吳老先生的家人還會自釀葡萄酒，並且設有專門的釀酒室和儲藏室。

葡萄的出售有兩種方式：一種是直接摘下來就出售給外面進來的商販，這樣獲得的收入較少，一畝地每年能賣四五千元，好一點的能稍微多賣一點；還有一種就是自己加工，將葡萄加工成香甜可口的葡萄酒，成品的葡萄酒 1 斤可以賣到 10 至 15 元，一畝葡萄如果全部釀製成葡萄酒可以賣到上萬元錢。葡萄的栽種，大大改善了農民的生活，如今的茨中村已是德欽縣較富裕的村子之一。

（三）果蔬

在過去，由於交通封閉，內地的蔬菜種類很少傳入，當地的蔬菜種類極為單調，人們每年除了能吃到一些瓜、豆類和蔓菁外，其它的果蔬很少吃得到。蔓菁是一種可充饑的蔬菜。此種作物耐寒，主要種在山坡地裏，撒種即可，產量較高，通常種一小片便可夠全家食用。其皮色鮮豔，類似蘿蔔圓潤，根細無筋，辛辣味濃，質地脆嫩，口嚼無渣。吃不完的蔓菁可以儲藏在地窖，也可以切成片、絲曬乾後保存，隨吃隨取。蔓菁一般在冬季種植，除了供人們食用外，還可以作為牲畜的飼料。

現在，幾乎家家都有一塊菜地，種有白菜、瓜、蔥、蒜、蘿蔔等，有的人家還種辣椒、香菜、茄子和番茄等。黃瓜、南瓜、四季豆、白蘿蔔等是山區地帶人們的主要蔬菜。南瓜和黃瓜主要是套種在附近的玉米地裏，不用刻意栽培就能夠自由生長。黃瓜是即時性的蔬菜，熟了就要摘吃，不然會老掉。而南瓜則是越老越好吃，而且容易保存，可以作為冬季的食物，煮在玉米稀飯裏，也不失為一種美味。當地還有一項主要的副食，那就是山上採集回來的各種菌子和野菜，可作為人們食物結構的一個補充部分。就自種的蔬菜而言，除了自己

食用外，那些離集市和街道比較近的人家也會將多餘的蔬菜拿到街上出售。伴隨著人們商業意識的增強，致富的觀念開始在人們心中迸發，少數有膽識的人也開始投資興建蔬菜大棚來種植茄子、辣椒、番茄、包菜、苦菜等，收成後拿到市場上賣。

　　當地還種植多種果樹：①橘子樹，3 月開花，11 月成熟；②板栗樹，3 月發芽，4 月下旬開花結果，10 月葉落；③漆樹，3 月發芽，4 月結子，8 月葉落，中秋種子成熟；④核桃樹，2 月發芽，3 月開花，8 月落葉，同時果實成熟；⑤桃樹，2 月開花，4 月底結果，七八月成熟；⑥油桐樹，3 月開花，4 月發芽，5 月結果，10 月成熟，11 月降霜後葉落。村中栽種的蘋果樹、柑橘樹、梨樹等因為成熟期長、品種不好、個小味淡，除了村民自己食用，很少出售。

　　種植的多樣化是當地農民進行農業生產的最主要特點。其原因，一是適應多種氣候和土地類型，二是滿足各方面需要。作物的種植並不是一成不變的，人們一般在耕作良好的基本農田上種植玉米和水稻這些最核心、最基本也是最重要的作物，以滿足人們的基本糧食需求；在輪歇地和荒地上種植蕎麥和豆類等雜糧，一部分為家庭自己食用，一部分作為各種家畜和家禽的飼料。人們通過各種作物的相互補充，滿足各種生活所需，同時降低生產上的風險。

　　伴隨著商業化的興起和發展，有些家庭已不再滿足僅僅可以糊口的維生經濟，而是將目光投向了其它能帶來貨幣收入的經濟作物，如葡萄。葡萄的種植，並不是為了農民家庭消費，而是主要作為工商業的原料，人們通過出售這些經濟作物，再從集市或更遠的市場上購買其它生產生活用品。這樣，人們的生活水準便逐漸得到改善和提高。在茨中村調查的時候，我們發現很多家庭已經不是原來想像中的那樣傳統和落後，他們不僅各種家電齊全，而且擺設講究，談到未來的生活，人們滿懷信心。而這一切，都得益於近年來葡萄的種植。

伴隨著農村商業化的發展，農民的生產業已捲入了工商業生產的鏈條當中。經濟作物的種植雖然為人們帶來了可觀的收入，但是也給人們帶來了一定的風險，因為人們的收入已經直接受到外界市場條件變化的影響，一旦外面的酒廠經營不善或者行情不好，勢必嚴重影響到當地人對葡萄的種植。這樣，人們又會倒退到以前的糧食種植時代，依然過起自產自銷的小農生活。農民自己對現實中的風險應考慮得更為清楚，所以他們一邊發展經濟作物的種植，一邊仍然用心經營糧食作物的生產。

第三節　耕作技術與生產方式

20 世紀 50 年代，生活在碧羅雪山周圍的少數民族的生產力水準還相對低下，尤其是西麓的怒江地區，主要表現在生產工具的落後以及粗放型的耕作方式。由於耕地坡度較大，土層較薄，農具較小，所以牛犁旱地的翻土深度一般只有十幾公分，手挖地更是只有較淺的 7 公分左右。火燒地僅以木棍削尖的一端戳洞點種，不犁不翻。水田依靠山澗流水灌溉，收成較好。山腰上的耕地由於濕度較大，即使在雨水較少的年份，也可得到較好的收成。所有耕地一般每年只種植一季，不種植小春作物。除了房屋附近的麻地和菜地外，無論旱地和水田都不施肥。

在耕作技術和所需要的生產勞動時間方面，不同類型的土地存在差異，收穫量也不同。水田和牛犁旱地由於坡度較小，肥層不易流失，此類耕地為固定耕地，一般逐年耕種，不間歇，產量比較穩定。水田一般是犁三道，薅一道，每畝水田從播種到收穫，需要的人力和耕牛是所有土地中最多的，產量也是最高的，牛犁地其次。手挖地由於坡度大和土層薄，肥力容易流失，因而產量不高，一般在耕種三五

年或七八年之後即拋荒，屬於半固定耕地性質。火燒地的耕作技術更是簡單，將樹木砍倒曬乾，點火和雜草一起焚燒，等土壤冷卻後，用木棍在鋪滿草木灰的地裏戳洞點種玉米種子，一般從播種到收穫中間只薅一次草，其收穫量主要取決於草木灰的肥沃程度。從整個收成上看，一畝優質牛犁耕地與一畝手挖地的產量，通常會相差五六倍之多，固定耕地和火燒耕地在產量上的差別就更大了。

新中國成立後，在政府的指導和組織下，當地的生產力得到很大提升。當時，由於外地幹部多，他們利用內地的經驗，指揮合作社興修水利，實行精耕細作。人民公社化時期，田地的犁耕程度和施肥率都進一步提高。經過二三十年的發展，怒族地區的生產工具發生了重大變革，鐵製農具開始發揮主導作用，牛耕地的面積大大增加。人們根據實際情況，在坡度稍大的地方使用單牛犁地，在坡度緩的地方使用雙牛犁地，在那些坡度實在太大、無法使用耕牛犁地的情況下依然採用簡單的鋤挖方式。

一　耕作方式

20世紀50年代，鐵製農具在碧羅雪山地區的農業生產中已佔有主要地位。由於當地的怒族、傈僳族等尚不能鍛製鐵器，僅能加工簡單的鐵工具，因此，多數鐵製農俱如犁鏵、鋤頭、砍刀等仍然依賴蘭坪、雲龍、維西等地的漢族、白族和納西族。在耕作方式上，當地已經出現了刀耕火種、鋤挖和犁耕等多元並存的局面，犁耕在人們的農業生產中開始佔據主要的位置。

（一）刀耕火種農業

清代，碧羅雪山地區的少數民族群眾普遍使用刀耕火種的農業生

產方式。夏瑚在《怒俅邊隘詳情》中記載：「農器亦無犁鋤，所種之地，惟以刀伐木，縱火焚燒，用竹錐底成眼，點種包穀，若種蕎麥稗禾等類，則只撒種於地，用掃帚掃勻，聽其自生自實，名為刀耕火種，無不成熟，今年種此，明年種彼，將住房之左右前後地土，分種完畢，則將房屋棄之，另結廬居，另砍地種；其已種之地，須荒十年八年，比俟其草木暢茂，方行復砍復種。」[11]刀耕火種的生產方式在滇西北地方保留了很久，一些零星地方甚至保留至 2000 年左右。

根據以往的調查和描述，刀耕火種的程序大致為：

第一，備耕。備耕於年初開始，打造、修整、準備好各種必要的工具，如木鋤、小鐵鋤、點種棍和砍刀等等。

第二，選地和號地。一種是由本族或本村頭人出面，按輪歇順序，選擇確定當年耕種的地塊。找好確定火燒地並按當地習俗將火燒地號好，然後由頭人召集全體成員確定砍伐日期。另一種是村社成員中的缺少土地者，可以單獨或者夥同其它幾戶人家於春耕前在自己認為合意的一塊公荒地上砍去一片樹林，或壘石為界，或插上樹椿為記，這塊地就算被「號定」。凡是已經被人選擇和號定的荒地，他人即不能再來開墾，如果違反這一規定，將會受到眾人的譴責。號定的土地可以長期佔有和耕種，但不能買賣。這些號定的土地拋荒以後，其它村寨成員可以再來號定耕種。

第三，砍地和燒地。砍地一般在每年的二三月進行，需要一段時間讓其充分乾燥。燒地與砍地一樣，時間不宜過早也不宜過遲。過早易造成肥料流失、雜草叢生，過遲會耽誤整地和播種。人們一般在播種前 10 天左右燒地。樹木經過一次焚燒，不可能完全燒盡。人們要將燒剩的樹枝堆積起來繼續焚燒，直到樹枝全部化為灰燼。

11　〔清〕夏瑚：《怒俅邊隘詳情》，方國瑜主編：《雲南史料叢刊》（第十二卷）（昆明市：雲南大學出版社，2001 年），頁149。

第四，搭建房屋。農忙季節，人們除了在村寨有固定的房屋外，往往還在耕地附近搭建簡易房屋，既避免了每日長途往返之辛苦，還可以看護快要成熟的莊稼，以防止動物的糟蹋和破壞。

第五，播種。播種的方式主要為點播，男子在蓬鬆的灰地裏用尖木棍或竹竿戳洞，婦女跟在後麵點放種子，點完後隨即用腳順勢撥土將洞覆蓋，播種完後的土地基本不做平整。

第六，鋤草。一般來說，人們在火燒地裏很少鋤草，最多只是偶而鋤一次，基本不施肥，播種完以後就等待收穫了。

第七，收穫。收穫莊稼一般只取糧食，不割秸稈。例如，種的是玉米，就只掰玉米棒，玉米稈則繼續留在地裏，等到來年播種時再放火焚燒。由於山路崎嶇，糧食多靠人力揹運。

刀耕火種需要有充足的山林面積來進行輪歇。尹紹亭認為雲南山地民族過去的刀耕火種農業主要有三種輪歇方式[12]：

第一種為一年耕種的輪歇方式。這是刀耕火種中最為典型、最為粗放的一種輪歇方式，最基本的特徵是有規劃、按順序地輪歇。實行這種輪歇方式的村寨，將本村寨的農用林地按照輪歇年限劃為若干大片，大家一年集中耕種其中的一片，一片土地只種一年，到了第二年又換種一片新地，這樣不斷迴圈。輪歇時間取決於人口和土地面積的比例，如果人少地多，則土地輪歇期較長，土地可以得到充分休整。實行這種輪歇方式，就必須具有足夠的土地資源，土地越廣，可以規劃的土地片數就越多、輪歇時間就越長，就越能減少對自然生態的破壞。如果不實行輪歇，而是固定在一塊土地上連年耕種，那麼不出幾年，土地的肥力就會耗盡，地力衰竭，雜草叢生，最終導致無法耕種。

---

12 參見尹紹亭：《雲南山地民族文化生態的變遷》（昆明市：雲南教育出版社，2009年）。

　　第二種是輪作輪歇方式。山地民族通常按照坡度大小、土壤肥力、海拔高低、向陽背陰等條件將土地分為不同的類型，然後再採取不同的輪歇方式。例如，怒族、傈僳族等將耕種的坡地分為火燒地、鋤挖地和牛犁地三種。其中，火燒地通常實行一年耕種輪歇，而其它土地則實行輪作輪歇，即每年種植不同的作物，等到地力衰竭後便輪歇幾年，等地力恢復後再耕種。

　　第三種是人工種植林輪作輪歇方式。這是在拋荒的土地上種植速生樹木或經濟林木，以縮短土地休閒期或者獲取經濟效益的輪歇方式。種植的樹木一般有水冬瓜樹、漆樹和松樹等。

　　火燒地實行免耕，具有保肥的作用。地裏的樹木焚燒後，作為肥料的灰分覆蓋於表土，當雨水降臨，灰分滲入土中，有利於作物吸收；如果以鋤挖或者用牛犁地，則會使地下的生土上翻，將灰分埋入底下，造成能量的損失。免耕也具有防草防蟲的作用，因為土地表面經過大火焚燒，雜草害蟲多被燒死，這時如果進行深耕，將會使下層土壤中的草子和害蟲又在地面復蘇，對莊稼造成危害。翻土不深還有一個原因，當坡度較大的山地遇到大雨，鬆軟的土壤會被沖走。

（二）鋤挖農業

　　鋤挖農業就是在播種前翻一次土，隨後即進行播種。刀耕火種是一種不斷遊走的農業生產方式，而鋤挖農業則是逐漸過渡到固定農業的標誌。但是，就鋤挖農業本身來看，也是經過了一個極其緩慢的發展過程。人們開始使用的鋤頭只是一些簡單的石鋤、竹鋤、木鋤，最後才發展到鐵鋤。

　　怒江地區使用鐵製鋤具的時間極晚。新中國成立前的幾十年裏，才在個別地方出現鑄造和打製條鋤的手工匠人，但是所使用的鐵料仍然由其它地方運送進來。1956 至 1958 年，中國社會科學院民族研究

所云南民族調查組在怒江福貢縣的古木甲村、原碧江縣的老母登等地
發現了新石器時代的遺址，遺物有磨光的石刀（穿孔）以及帶柄的磨
光石斧、石鋤、石錛、石碓、石鏃等。其中有 10 件石鋤是在古木甲
村的耕地裏發現的。據當時村裏的老人講，過去在耕地時，常有類似
的石鋤出現，數量相當多。由此可見，早在石器時代，當地的先民就
已經開始鋤耕農業的生產了。

　　除了原始的石鋤以外，當地在新中國成立前還普遍存在著竹鋤和
木鋤等鋤類工具，用來除草和挖地。竹鋤一般選用堅硬的黃竹，將其
一端削成尖刃狀，再用火烘烤使其彎曲，這樣便可以當鋤頭來使用。
木鋤有兩種，一種是選用堅硬的栗木或青岡木的樹杈，將其砍製成鋤
頭形狀；一種是選用一塊堅硬的小木板，一端鑿孔，再穿入一根長木
棍，作為鋤柄，就可進行一些簡單的鋤草和挖地活動。

　　和怒江地區相比，瀾滄江的德欽和維西在農業生產技術上無疑要
先進很多。碧羅雪山東麓的德欽和維西，由於地緣因素，和內地的各
種交往活動也比較頻繁，因而很早就開始了鐵器的使用。而一山之隔
的怒江地區，由於地勢險峻，交通不便，在很長的一段時期裏，都極
其缺乏鐵製農具，大多時候只能以竹木代替。

　　17 世紀以後，為了反抗壓迫，原來居住和生活於維西等地的傈
傈族開始大規模西遷，他們翻過碧羅雪山，進入到人煙稀少、氣候惡
劣的怒江峽谷地區。傈傈族的西遷，為原本封閉落後的怒江地區帶來
了先進的鐵製生產工具，包括砍刀、斧頭和小鐵鋤等。這些鐵製工具
主要來自維西、德欽和西藏的察隅等地方。怒族最初用麻布到維西和
德欽交換鐵製的條鋤、板鋤，也有外地的商人（主要是納西族）到怒
族地區用鐵鋤交換當地的土特產。

　　可以想像，使用石鋤、竹鋤和木鋤進行挖地的效率是極為低下
的，其耕作效率遠不如刀耕火種農業。繼這些原始的農業生產工具之

後，又出現了一種鐵木結合的鋤具，即在原始木鋤的尖端處套上一塊鐵皮鋤刃的小型鐵鋤。關於這種鋤頭的名稱和叫法並不統一，但由於其在怒江尤其是在怒族地區的使用最為普遍，因而人們一般將其稱為「怒鋤」。怒鋤的鋤刃中間略寬，尖端細窄，整個鋤刃頗似一個細長的鶴嘴，因而也有人形象地將其稱作「鶴嘴鋤」。怒鋤作為一種套鋬尖形鋤，是該地區最有特點的鋤具，鋤嘴和鋤柄之間的夾角很小，這種鋤頭專門為人們耕種陡峭多石的山坡地而設計，因而不適合在平地使用。用這種鋤頭來挖地，既省力，又不至於將大塊的泥土挖滾到山底下去，因而還具有保護土壤的優點。

　　走在峽谷兩邊的村子裏，隨處可見人們背著這種鋤頭上山下山。這種小鐵鋤一經出現，就廣泛地被人們使用到平常的農業生產活動當中，不論是挖地還是除草，相比以前的石鋤和竹木鋤，怒鋤的勞動效率都大大提高。況且，橫斷山區的峽谷地帶山高穀深、地勢險峻，山坡上的旱地被人們形象地喻為「掛在壁上」。因而，適合在坡地鋤草和挖地的小鐵鋤便能大顯身手了。在那塊寒冷的土地之上，德欽的藏族主要依賴種植青稞和小麥為生，青稞地和麥地一般播種比較稠密，禾苗之間的距離較近，因而在中耕鋤草的時候不適宜用寬大的鋤頭，只適合鋤頭窄長的小鐵鋤。

　　如今，該地區的鋤類工具已經變得非常豐富，原來的竹木鋤具已不多見，套鋬的怒鋤也已經變成了純鐵製的鋤頭，此外還有板鋤和條鋤等。由於交通的便利以及商業的發達，鄉鎮的街道和集市上都可以買到這些生產工具，原本稀缺的東西如今已變得非常普通。

　　正是由於鐵製鋤具的傳入，鋤挖農業變得可能，這為刀耕火種農業向鋤挖農業過渡、遷徙農業向固定農業過渡提供了初步的物質基礎。鋤挖農業最初應該只是簡單的、小面積的園藝農業。在進行鋤挖的過程中，人們逐漸發現挖地可以改善土壤的品質，可以重複種植作

物。應該承認，鋤挖農業的耕種規模存在一定限度，因而只是部分地實現了土地的固定化。但是，我們也可以想像，是否是鋤挖農業啟發了更大的犁耕農業的發明呢？一旦人們認識到挖地可以改善土壤，從而固定種植作物，那麼人們就會想方設法使用更高效率的挖地工具。這樣，犁也就產生了。

雖然人類的農業生產工具已經邁進了機械化時代，但是對於碧羅雪山兩麓的峽谷地區來說，鋤挖農業仍然保留著很大空間，而且在很長的時期內，這一狀況仍然不會得到改變。其原因有二：一是有相當多坡度比較大的土地的存在，二是小塊耕地面積的大量存在。由於山高、坡陡、石多、土薄等客觀因素的限制，可以用來耕種的土地面積本來就極為有限，人們不得不去開墾利用坡度在 25 度以上的山坡地。由於樹林、懸崖、高山和河流的分隔，這些山坡地大多呈分散的小塊狀，很少見到有面積較大的連片土地。走在峽谷裏，我們可以看到，在江邊稍平的灘地、半山腰、崖底、樹林中間，到處都分佈著一小塊一小塊的莊稼地，真可謂是「地盡其用」；在這些小塊的土地上，人們連牛耕都難以使用，更何況是拖拉機等機械。

（三）犁耕農業

犁的出現是人類農業文明進步的一大標誌，是傳統農業生產技術達到最高水準的代表之一。新中國成立前，怒江地區已經由鋤耕農業過渡到犁耕農業，但是犁耕的歷史並不算長，總共只有 100 多年的時間。犁耕技術在該地區的傳播和應用，也是經歷了一個逐步發展的過程。在鐵器比較缺乏的時代，人們主要使用木製的犁頭來耕地；後來，隨著交通條件的改善以及商業交換的擴大，木犁上才開始套上了鐵製的犁鏵。

鐵犁的應用對於農業生產效率的提高是不言而喻的，犁耕和施肥

技術使得人們在土地上進行精耕細作有了可能。相比於鋤頭，犁耕的土地面積大大擴大，糧食產量也極大提高，從而可以養活更多的人口；在此基礎上，逐漸形成了固定的村寨，人們不再奔波於輪歇的遊耕生活。犁耕也使得畜力的應用得以實現，大大節省了人力。

犁耕能夠充分疏鬆土壤，不僅可以將作物的根莖剷除，也能將地裏的石塊翻起，這些都是人力所不能及的。從技術原理上來說，犁的構造都大同小異，但是由於每個地方的土地條件存在著很大差異，因而犁的形狀也不盡相同。對於雲南地區的犁文化，尹紹亭在《雲南物質文化》[13]一書中已經做了全面的介紹。筆者主要調查了碧羅雪山地區的兩種犁，分別是東麓藏族群眾的犁和西麓怒族群眾的犁。

在德欽縣燕門鄉的拖拉村，筆者在一個退休教師的家裏拍到了一副犁的照片。該犁最突出的特徵是犁身呈細長狀，沒有犁柱，屬於無框架結構犁。由於德欽藏族的農地多是高山峽谷中土壤淺薄、石頭較多的水澆地，所以犁鏵極為細小，僅在木尖上套裝一塊三角形的厚鐵片。德欽犁的犁鏵雖然較小，然而犁轅特別長，前面的犁槓也極長。

在貢山丙中洛鄉的甲生村，筆者看到了怒族群眾獨具特色的犁。該犁為小型三角框架長直轅犁。犁身、犁轅、犁柱皆以較細的木料製作而成，整個形體顯得輕巧，適合於在峽谷坡地上使用。在使用方法上，既有用二牛抬槓的，也有因山勢險峻而僅用一頭黃牛抬槓的。

峽谷地帶的土地，不僅土壤淺薄，而且石頭較多，所以犁裝配的是套銎小型犁鏵，然而其犁鏵比較長，二牛牽引所抬之橫槓亦十分粗長。耕牛主要使用黃牛、犏牛和騾馬。黃牛的使用比較普遍；騾馬在該地區相對較少，一般多用來駄運東西；犏牛是藏族地區特有的牛種，為犛牛和黃牛的雜交種。交配亦有講究，即公犛牛與母黃牛交

---

13 尹紹亭：《雲南物質文化・農耕卷》（昆明市：雲南教育出版社，1996年）。

配，被稱作真犏牛；如果相反，則被稱作假犏牛。假犏牛體弱力小，遠遠不如真犏牛體強力壯。第三代母犏牛與公犛牛交配，便回歸為犛牛。母犏牛產奶較高，適合做奶牛；公犏牛強壯力大，適合馱運東西和犁地。

為適應怒江地區山高坡陡的自然特點，牛犁耕作的方法有兩種：一種是單牛犁地，適合比較陡峭的山地；另一種是二牛抬槓，適合比較平緩的土地。耕牛的使用率很低，每頭耕牛每年農忙時投入耕種的時間一般僅為 30 多個勞動日，其餘大部分時間便在山林中放養。

二　施肥情況

新中國成立前，人們在農田中也有施放肥料，但缺乏肥源，也沒有形成施肥習慣。他們將使用人糞肥視為禁忌，不僅田裏不施人糞肥，平日裏也不積攢。至於牲畜糞便，也由於農民素無積肥習慣，在畜圈內不墊草而任憑肥料流散浪費。

據說在以前，當地的怒族群眾認為肥料是一種不潔的東西，如果背了肥料就會頭疼或生病。後來，逃荒到內地的人回來介紹說，內地的土地施肥，莊稼長得好，人也不會生病，施肥的人家才逐漸增多起來。當時施肥也只是施牲畜糞，而且不知道如何堆積肥料。20 世紀50 年代，在「以糧為綱」的生產方針指導下，為了增加糧食產量，人們想盡各種辦法為土地施加肥料，村民們不僅上山背樹葉子堆肥，有時甚至被動員到山洞裏去掏鳥糞。積肥需要飼養豬、羊等牲畜，在怒江和瀾滄江峽谷的少數民族地區，幾乎每個家庭都有豬圈，裏面養著數量不等的豬。

積肥的方法有兩種：內地的大多漢族地區主要是用土來積肥，即將乾燥的土鋪在豬圈裏面，等到豬的糞便積纍到一定程度的時候，就

將豬圈裏的糞肥掏到外面堆起來，等到開春季節，再將肥料運送到莊
稼地裏去；碧羅雪山周圍的怒族、傈僳族和藏族群眾則使用另外一種
完全不同的方法，即利用樹葉和草來積肥，即往豬圈裏面鋪墊樹葉和
綠草，這樣由豬糞和樹枝草葉混合生成的肥料也叫「綠肥」。為什麼
會產生這一差別呢？原因可能在於峽谷地區的土地資源比較缺乏。峽
谷地區本來就多山地，土地資源極為珍貴，豬圈一般都建在人們的房
屋底下或者院子旁邊，周圍本來就稀缺的土地還要用來種菜，所以沒
有足夠的空間再去挖土；相比之下，村子周圍漫山遍野的樹林使樹葉
成為極易得到的資源。伴隨著人們對施肥的重視，背樹葉積肥就成了
當地群眾一項必不可少的生產勞動。

　　背樹葉積肥，一年分冬夏兩次進行：冬季人們忙完了農活，有了
充足的時間可以上山採集樹葉，為第二年的春播季節做好準備；夏季
的背樹葉活動主要在七八月進行。冬季所背的樹葉主要是刺梨葉和松
樹葉。刺梨葉上帶有鋸齒狀的小刺，採摘起來比較麻煩；松樹葉比較
簡單，由於本身比較細小，背回來以後可以直接墊到豬圈裏面。其實
對於用來積肥的樹葉，村民們本身並沒有固定的要求，全憑生長的數
量和採集的方便程度。

　　在茨中村的時候，房東劉文高每天早上天微亮就出去修建葡萄
架，早飯時就會背回來一大捆剪下來的葡萄枝葉，一部分餵給圈裏的
小豬和小牛，一部分就拿來墊在圈裏積肥。因此，積肥的關鍵除了要
有綠葉，還要有牲畜在上面不斷排泄糞便與踩踏，這樣才能使農家肥
得以產生。每年夏冬季節的兩次積肥和作物的生長安排是協調的，積
肥時間一般為 3 個月左右。因而，冬季的積肥剛好可以為第二年開春
的耕作做準備，而七八月的積肥又可以為深秋的小春作物耕種做準備。

　　為了提高勞動效率，當地村民除了自己家裏人，還要從村子裏請
其它村民來幫忙一起上山背樹葉，請的人數根據自家的土地數量和所

需肥料數量而定。集體協作是當地農作勞動的傳統，今天你請我幫忙，明天我再請你幫忙，根據這種互惠的原則，一般誰都不會拒絕誰。夏季草木比較茂盛，人們不用跑很遠，就會在村子附近的溝谷田邊割砍到一捆樹枝草葉背回來，所以背的次數也比較多；而在冬季，村子附近的草木都已經乾枯，人們則要爬到較遠的山上去背樹葉，由於路途較遠，背的次數也較少。背樹葉的同時，主人家還要專門留人在家裏剁樹葉，即將背回來的樹枝草葉剁碎，然後集中起來，再鋪墊在豬圈裏面。

由於當地的交通條件不便，人們運送東西幾乎都是靠自己的體力來完成的，尤其是在那些坡度比較大的陡坡地帶。背樹葉已經很辛苦，將這些堆積好的農家肥運送到田地裏更是一件辛苦的勞動。村子裏和村子附近的基本農田每年需要的肥料，運送起來較為方便；村子上面山地裏的肥料運送起來則極為困難，一塊地往往需要背肥很多趟，村民們不僅請人幫忙來背，有些還專門請騾、馬來馱。為了犒勞請來幫忙的村民，主人家通常會為其準備「下拉」。

背樹葉積肥不僅耗時耗力，還會破壞生態環境，造成植被減少、水土流失，因而不是一項長久之計，對此村民們也有很多抱怨。如今，國家實施退耕還林政策，在一定程度上限制人們對樹枝的砍伐。山坡耕地的面積大大減少，很多山林也逐漸得到保護。另外，由於工商業的發展，很多村民利用閒暇時間到外面做工，用賺回來的錢直接購買化學肥料，這樣效率更高。因而，目前人們的施肥方式已經多樣化，化肥在農作物中的使用比重越來越大，人們不再只局限於農家肥的積纍了。

施肥在很大程度上促進了當地農業生產的固定化。20世紀50年代初期，當地的火燒輪歇地仍然佔有相當比重，隨著施肥程度的加大，人們種莊稼不再是依靠焚燒後的草木灰，因而不再需要頻繁遷

徙，一塊土地往往可以使用多年而不用輪歇。可以說，施肥帶來的最大變化就是土地耕作的固定化，也就是原來的火燒輪歇地大大減少，牛犁地和手挖地增加。火燒輪歇地轉化為固定耕地有兩個條件：一是離住處不太遠，能夠背去肥料；二是作物輪種。可見，施肥不僅和提高作物產量有關，而且和耕地的固定也有關係。然而，當地輪種制度仍很不發達。房屋附近的土地，每年大春都種植玉米，不實行輪種；高山上的公荒地，一般只種一茬小春。在這些地方，有的採用大麥、小麥、蕎麥等作物輪種，如果三種作物的收成逐年降低，就拋荒另尋他處耕種，等過五六年地力恢復後再來耕種。

三　土地共耕與勞動互助

新中國成立前，由於生產工具佔有的差異以及勞力的不足，怒族和傈僳族群眾中廣泛存在著一種土地共耕關係，有時也稱「夥有共耕制」[14]。土地共耕主要有四種情形。

（1）家族共耕。弟兄分居以後，土地不分開或部分土地仍共同耕種。共耕的土地一般離家比較遠，幹活時晚上要歇息在地裏，還要趕走來破壞的猴子等動物，所以人多方便。另外，這些土地坡度很陡，再加上農具簡陋，如果分散經營，勢必造成生產困難。

（2）土地買賣形成的共耕。這有兩種形式：一種是幾戶合資買一塊土地，共同耕種；另一種是貧苦農民因婚喪祭鬼，出賣整塊土地的一部分，但土地不分割，買主與賣主共耕。近些年來，買賣關係構成的共耕逐漸增多，這說明農村階層逐漸分化；另一方面也反映了由

---

14 《民族問題五種叢書》雲南省編輯委員會編：《怒族社會歷史調查》（昆明市：雲南人民出版社，1981年）；《民族問題五種叢書》雲南省編輯委員會編：《傈僳族社會歷史調查》（昆明市：雲南人民出版社，1981年）。

於生產力低下，人民生活困苦，單戶農民的經濟力量有限，因而不得不採取共耕的方式。

（3）共同墾荒，共同耕種。土地原屬氏族或村寨公有，幾戶家庭相約共同佔有一塊氏族公荒地，共同耕作。夥有的戶數少則兩三戶，多則十來戶。這些進行夥耕的家庭，平均付出種子、耕牛、勞力，平均分配收穫的糧食。

（4）姻親關係構成的共耕。怒族的婚姻，主要以牛作為聘禮，有些貧苦農戶沒有牛，只能以部分土地作為聘禮，雙方共同耕種，平分糧食，也有個別以土地作為陪嫁。

落後的生產力是共耕的基礎，雖然個體農業有了一定程度的發展，但是耕作水田、開墾荒地等勞動需要憑藉集體的力量才能實現。怒江地區自然條件特殊，山高坡陡，土地多呈塊狀、面積小且極為分散，這些都造成了共耕關係的存在。

共耕的土地以犁耕地為主，因為犁耕地需要多家合作，才能克服耕牛、勞動力缺乏的情況。共耕地還有一大特點就是普遍距離村落和住所比較遠。從形式上看，共耕是集體協作，但是共耕關係是十分複雜的。在夥有共耕制下，各家庭共同出種子、勞力，收穫物也是按家庭數量平均分配。由於各個家庭的勞動力有多有少且強弱不同，勞動力多的家庭往往要付出更多的勞動量，但是所分配的成果仍然和其它共耕的家庭一樣，因而就降低了這些多勞力家庭的生產積極性。發展到輪換地以後，產量有所提高；因為這種耕作方式採取的是「誰種誰收」，因而刺激了人們的生產積極性。

根據 20 世紀 50 年代的少數民族調查發現，怒族地區在土地耕種上還普遍存在一種「分種」制度，怒語稱為「棉白」。[15]分種的方式很

---

15 參見《怒族簡史》編寫組：《怒族簡史》（昆明市：雲南人民出版社，1987年），頁 57。

多，大約可以歸納為四種：①一方出土地、耕牛、種子，另一方出勞力，收穫時雙方對半分配糧食。②一方出土地，另一方出種子和勞力，收穫時六四分成（出土地者六成，出種子和勞力者四成，已具有土地出租性質）。③一方出土地及部分勞力，另一方出種子及主要勞力，收穫時對半分配。④一方出土地、耕牛，另一方出種子及勞力，收穫時四六分成。這四種耕作中的合作關係明顯是由以前的「夥有共耕」制發展而來的。

　　農民之間一般以相等的勞動交換進行協作，傈僳語稱為「瓦刷」，就是大家互相幫助的意思。在舉辦「瓦刷」的前五六天，主辦人在準備好酒肉後，便向親友發出邀請，參加者一般不限範圍。應邀者參加與否完全自願，沒有任何強制。缺糧的窮人一般樂意參加，因為有酒飯招待，一來解饞，二來也可以解決幾日口糧。參加「瓦刷」的人數視實際需要而定，一般十幾人，最多不超過 20 人。農忙時，親戚鄰居互相幫助幹活，不計出工多少，也不付工資，主人只要煮一鍋水酒或玉米稀飯請大家喝就行了。據說在以前，「瓦刷」完後，大家就在地裏喝酒、跳舞、唱調子，充分表現出勞動的歡樂氣氛。

　　時至今日，換工互助的勞動方式在當地依然廣泛盛行。人們在播種和收穫的時候並不是單靠一個家庭自身的力量，而是根據勞動所需邀請相應數量的村民、朋友一起幹活，分享勞動的歡樂。在這裏，我們發現了農民經濟中社會關係的作用。

四　作物災害及其防治

　　農業生產中的自然災害主要有水災、滑坡、旱災、霜凍、低溫冷害、風災、雪災、蟲災。由於山谷兩側有些地方草木稀疏、岩層裸露，甚至為不毛之地，或者山坡陡峻、土質鬆散，鬆散的堆積物出露

江面以上 20 至 100 公尺,況且土層礫石成分複雜,大部分是大砂岩、變質砂岩、粉砂岩,呈半膠質泥狀態,因而地裂、崩塌、滑坡、錯落現象時有發生,尤其是遇到暴雨情況就更加嚴重。

(一)自然災害

（1）水災、滑坡和泥石流。夏秋季節,尤其是 7 至 9 月間正值雨季,加上高山上的冰雪融水,有時候會造成特大洪水,沖毀農田、道路和房舍。峽谷兩旁的山坡此時會發生嚴重的滑坡和塌方,尤其是怒江峽谷裏的福貢到貢山段。滑坡、塌方和泥石流不僅會阻斷交通,而且會沖毀農田、房屋,甚至危害到人的生命。記得在貢山秋那桶做調查的時候,在去往尼打當村的公路上,筆者就看到怒江對面山坡上剛剛發生不久的一場泥石流痕跡,山坡上的玉米地被沖去一大片,旁邊緊挨著一座木楞房屋,所幸的是泥石流和房屋剛好擦肩而過,沒有造成人員傷亡。

（2）霜凍、低溫冷害。該區域多位於高寒山區,每年有長達 7 至 8 個月的霜期,來得早,去得晚,給當地農作物造成很大危害;特別是秋季的低溫冷害,又稱「寒露風」,往往出現於每年的 8 月中旬至 9 月中旬,期間氣溫驟然下降,嚴重影響農作物的抽穗、揚花與結實。

（3）風災。每年 10 月至第二年 5 月為大風出現頻率高的月份,嚴重危害小春作物的生長和收穫。

（4）雪災。春秋季短、冬季長,其間頻頻下雪,尤其是 1 至 3 月為降雪次數多、降雪量大的月份。每逢較大雪災時,縣境內農牧民飼草短缺,致使牛、羊等家畜凍死、餓死,住房、糧架倒塌,電力、交通和通信中斷,造成很大的經濟損失。

（5）旱災。冬春季節的乾旱少雨會影響到小麥、蠶豆等小春作物的生長。

（二）動物災害

除了氣候等自然災害，還有動物災害。該地區由於山林面積廣闊，動物的種類和數量也極多，通常給農作物帶來很大危害，尤其是遠離村落和人煙的高山地區受災情況更為嚴重。每年春耕下種後就有老鼠、鳥、猴子等前來為害，玉米和小麥在成熟季節受災最為嚴重。

對此，當地群眾也總結了一定的經驗。例如，黃斑最喜歡叼豆子，綠鶯專啄穀子，在田邊「啾啾」叫的小鳥雀最喜歡啄食穀穗。玉米成熟的季節，狗熊和猴子是最大的禍害。人們一旦掌握了這些鳥獸的習性和活動規律，就能夠未雨綢繆，提前做好各種防備工作。除了親自到田間地頭去捕打、驅趕鳥雀外，他們還和內地的農民一樣，採用稻草人進行驚嚇的方式使其不敢近前。稻草人的形狀極具地方特色。大多怒族和傈僳族地區的人為手持弩弓的草人；而藏族地區的稻草人則身繞五顏六色的長布條，遠處看去，隨風招展，如果再配上一頂氈帽，儼然一副活人的樣子。

除了現實中的應對措施和努力，人們也將收成的好壞歸因於各種超自然力量的存在，與此相伴隨的則是豐富多彩的巫術活動。當地民眾普遍信仰鬼神，他們認為種穀有谷神，於是在播種以及收割嘗新時要祭谷神、謝谷神；認為鳥獸前來糟蹋莊稼也是鬼神在作祟，同樣也需要用美酒好肉來祈求鬼神別放它們來傷害自己的作物。舉凡在過年、砍火燒地、播種、收割、嘗新等重大活動之前乃至送鬼魂時均要求祭鬼神。

例如，為祈求來年風調雨順、五穀豐登，貢山地區的怒族要舉行一種祭供山神、祈求豐收的「樓打初」風俗。「樓打初」儀式在每年的莊稼下種前舉行。這時，怒族村寨便忙開了。婦女們釀製咕嚕酒，男子們準備雞、蛋等祭山神的供品。待一切準備就緒後，全村男女老

少穿上整潔的衣服，帶上酒、肉、蛋等供品，聚集在村頭的山坡上，在祭神臺前燒香，擺好供品，由一位德高望重的老者領唱禱詞：司獸禽的山神，請聽我們的禱告吧，我們的莊稼就要下種了，請不要讓鴉雀鼠來糟蹋。我們給您獻上可口的酒漿，供上噴香的好肉，請把損害莊稼的禽獸趕走吧。……禱畢，眾人敲起鑼鼓，高唱山神歌，圍著祭臺繞三圈；而後，大喊大叫，一起走到田地頭，燒火熏攆鴉雀。[16]

　　傈僳族群眾在祈求風調雨順時也有著自己獨特的巫術儀式。例如，祈雨儀式：①用竹片或木條織成一個方塊，塗上泥巴，由屬龍的人在上面燒一堆火，將它放入龍潭或江中去，如果烈火為江水沖熄，即象徵天將下雨；②用毒藥毒死江中的扁頭魚，認為這樣做就能使天下雨；③傳說古時還以弩弓射入龍潭，觸動龍神，使之下雨。對於風災的祈福儀式：①祭山神，由氏族長老用一碗酒，一片樹葉，潑向四方，念咒說「管岩石的神，管樹林的神……我將花花的碗盛著我沒有吃過的酒，先給您吃，您別吹倒我的莊稼，您要保護我的莊稼，風吹到山上去吧！酒中無毒，酒味很香，您喝後我也喝……」②對著風吹牛角或羊角，以為這樣做就可以止住風。[17]

　　巫術活動廣泛存在於前工業化的部落和鄉村社會當中。對於巫術，不同的人有著不同的看法。現代化和科學論者視巫術為迷信和非理性的活動，將其歸結為民眾科學知識的低下和思想的愚昧所致；而以馬林諾夫斯基為代表的人類學者則從地方社會的整體環境出發，認為巫術活動在滿足人們的特定需要方面發揮著特殊的文化功能，進而

---

16 參見李道生主編：《怒江文史資料選輯》（第十八輯），政協雲南省貢山獨龍族怒族自治縣委員會、政協雲南省怒江傈僳族自治州委員會文史資料研究委員會1991年刊印，頁125。

17 參見《民族問題五種叢書》雲南省編輯委員會編：《傈僳族社會歷史調查》（昆明市：雲南人民出版社，1981年），頁71。

承認其存在的合理性。巫術活動的產生，源自於人們對生活當中各種未知結果的難以預料和把握的擔憂，最典型的如對經濟生產和人身安全。在巫術活動中，人們通過運用咒語和儀式，實現對所信奉的超自然力的溝通和控制，進而增強自己的信心。巫術和人們的實際努力並不矛盾，相反，「實用的工作和巫術儀式是分得清楚的。巫術從沒有被用來代替工作。掘地及刈草、築籬及插柱，從來不因有了巫術而略加忽略的」[18]。

18　〔英〕馬淩諾斯基著，費孝通譯：《文化論》（北京市：華夏出版社，2002年），頁61。

芃野東南民族叢書 A0202006

碧羅雪山兩麓人民的生計模式　上冊

作　　　者	李何春、李亞鋒
主　　　編	何國強
責任編輯	蔡雅如

發 行 人	陳滿銘
總 經 理	梁錦興
總 編 輯	陳滿銘
副總編輯	張晏瑞
編 輯 所	萬卷樓圖書股份有限公司
排　　版	林曉敏
印　　刷	維中科技有限公司
封面設計	曾詠霓

出　　版　昌明文化有限公司

桃園市龜山區中原街 32 號

電話 (02)23216565

發　　行　萬卷樓圖書股份有限公司

臺北市羅斯福路二段 41 號 6 樓之 3

電話 (02)23216565

傳真 (02)23218698

電郵 SERVICE@WANJUAN.COM.TW

大陸經銷

廈門外圖臺灣書店有限公司

電郵 JKB188@188.COM

ISBN 978-986-94605-5-2

2019 年 1 月初版二刷

定價：新臺幣 300 元

如何購買本書：

1. 劃撥購書，請透過以下郵政劃撥帳號：

　帳號：15624015

　戶名：萬卷樓圖書股份有限公司

2. 轉帳購書，請透過以下帳戶

　合作金庫銀行　古亭分行

　戶名：萬卷樓圖書股份有限公司

　帳號：0877717092596

3. 網路購書，請透過萬卷樓網站

　網址 WWW.WANJUAN.COM.TW

大量購書，請直接聯繫我們，將有專人為您

服務。客服：(02)23216565 分機 10

如有缺頁、破損或裝訂錯誤，請寄回更換

國家圖書館出版品預行編目資料

碧羅雪山兩麓人民的生計模式 / 李何春, 李

亞鋒著. -- 初版. -- 桃園市 : 昌明文化出版 ;

臺北市 : 萬卷樓發行, 2017.04

　冊 ；　公分. -- (芃野東南民族叢書 ；

A0202006)

ISBN 978-986-94605-5-2(上冊 : 平裝). --

1.少數民族 2.民族研究

535.408　　　　　　　　　　　　106004092

本著作物經廈門墨客知識產權代理有限公司代理，由廣州中山大學出版社有限公司授

權萬卷樓圖書股份有限公司出版、發行中文繁體字版版權。